Le Droit expliqué par la Bible

Droit usuel à la lumière des vérités scripturaires

Frantz POTEAU

Juin 2020

ISBN : 978-99970-81-08-7

Dépôt Légal : 20-01-002

Bibliothèque Nationale d'Haïti

Achevé d'imprimer en juin 2020

Version revue et corrigée février 2024

Port-au-Prince, Haïti

PRÉFACE

En temps de crise ou l'instabilité, la corruption et l'injustice font rage, il est facile d'entendre dans les églises, les médias, dans les discussions en privé ou sur la voie publique, une phrase dont l'origine est biblique : '' *La justice élève une nation*''. Cette partie du verset 34 de proverbes 14 est souvent citée pour attirer l'attention des citoyennes et citoyens, particulièrement les autorités, sur la nécessité d'œuvrer en vue de l'instauration d'un climat de justice pour faciliter le vivre ensemble et la paix dans les communautés.

C'est pour dire que, se référer à la Bible, le livre le plus vendu dans le monde, est monnaie courante et ceci dans divers aspects relatifs à la vie du quotidien de l'homme. La Bible ne parle pas que de spiritualité ou d'une nouvelle vie après la mort. Elle constitue une mine dans laquelle on peut puiser, pour comprendre l'homme à travers son passé, son présent et son futur.

Certains puisent dans la Bible, les condiments nécessaires pour renforcer les familles, encourager le pardon, la générosité, l'amour du prochain ; d'autres s'en servent pour découvrir les provisions susceptibles d'aider a bâtir une société plus juste et prospère. D'ailleurs, le Dieu des chrétiens est le Dieu de justice, nous dit la Bible. La justice consiste ici dans l'impartialité.

La politique est présente dans la Bible. Elle exige des dirigeants qu'ils servent les peuples et ne les exploitent pas.

En tant que spécialiste de Droit et professeur, Me Frantz Poteau qui est également théologien, a jugé opportun de faire un rapprochement entre la Bible et le Droit pour aider les lectrices et lecteurs à cerner certaines nuances et saisir le sens de beaucoup de questionnements souvent agités dans les débats au niveau de la société.

Quel rapport existe-t-il entre l'Évangile et le Droit ? Comment appréhender le principe de l'autorité selon la loi et la Bible ? La fiscalité et la dîme, quelle relation ? Comment aborder la question du parallélisme des infractions et de la Bible ? Un chrétien peut-il exercer la profession d'avocat, selon la Bible ? Autant de questions et bien d'autres, adressées par l'homme de loi à travers cet ouvrage : Le Droit expliqué par la Bible.

Écrit sous forme de parallèle entre les enseignements du Droit et ceux de la Bible, ce document doit servir de référence aux étudiants, professeurs, juristes, professionnels, intellectuels, théologiens et toute autre personne que la question intéresse.

Le Droit expliqué par la Bible est une invitation à voyager dans l'univers biblique et juridique que lance l'auteur pour qu'à l'horizon, les lectrices et lecteurs parviennent à la conclusion que la Bible permet de comprendre l'essence du Droit d'une part ; et, d'autre part, que le Droit ne contredit pas la Bible mais la complète.

Sony Lamarre Joseph
Ecrivain/Communicologue

PRESENTATION DE L'AUTEUR

Né à Port-au-Prince, d'une famille modeste. Il a un seul frère avec qui il partage la date de naissance quoiqu'ils ne soient pas de jumeaux. Sa mère a travaillé à Radio Nationale d'Haïti, ainsi donc, le média est devenu sa passion dès son jeune âge. Il a étudié la communication et a fait de brèves expériences à la salle des nouvelles, comme rédacteur à Caraïbes FM en 1995 où il a fait avant du bénévolat, comme reporter de l'émission évangélique: La Manne du Matin; du feu pasteur Molès Lovinsky BERTHOMIEUX (1994-1995) ; Vision 2000 (1995-1996), Puissance F.M en 1998. Il a aussi travaillé à la production de radio Lumière de 2001 à 2002. Il a fait du bénévolat à Radio Shalom en écrivant des sketches radiophoniques qui faisaient l'objet d'une émission hebdomadaire.

Il a étudié le Droit, après ses études classiques, à l'École de Droit et des Sciences Économiques des Gonaïves (1995-1999) et a décroché une maîtrise à la Faculté de Droit et des Sciences Économiques (2006- 2008). Passionné de l'enseignement de la Bible, il a exerce le ministère de moniteur de l'école du dimanche à l'âge de 8 ans. Il a aussi fait des études en théologie jusqu'à son doctorat en 2008, à l'International Faith Theological Seminary (IFTS).

Pour se mettre au service de son pays, il a été admis à l'École de la Magistrature (EMA) ou il y a reçu une solide formation de magistrat de 2001 a 2002. Il occupe actuellement le poste de Substitut Commissaire du Gouvernement à la Cour d'Appel de Port-au-Prince après déjà quinze ans de carrière de parquetier.

C'est un amant fou de l'enseignement. C'est pourquoi on le retrouve comme formateur à l'EMA, à l'Ecole des Barreaux de Port-au-Prince et des Coteaux, au CEDI. Il dirige sa propre institution de recherche et d'enseignement : Centre d'Étude et de Recherche en Droit (CERED), après avoir été professeur et Secrétaire Général aux Affaires académiques de l'Université GOC jusqu'en 2014.

Voulant combiner au service de Jésus, son Maître et Seigneur, ces trois champs d'études : communication, théologie et le Droit ; il a rédigé les drafts suivants qu'il tarde à publier : *Le procès de Job, Le procès de Jésus, Le Duel, God is real, Rencontre avec le Juge, La Justice de Dieu au service de Son Amour (sa thèse doctorale), Cultures bibliques, Consolations divines, Premye pa lakay Bondye*. Cependant, Il a publié à succès deux livres de Droit : Comprendre les assises à Port-au-Prince et les Évidences. Cette fois-ci, il met au grand public ce présent ouvrage : Le Droit expliqué par la Bible, qui est une forme de Droit usuel à la lumière des vérités scripturaires.

MOTS DE L'AUTEUR

Le chrétien authentique peut-il être un avocat ou encore moins peut-il étudier le Droit ? Les droits de l'homme rendent-ils la société perverse par son esprit d'ouverture et ses exigences de respect de droit de tous ? Ce sont autant de questions et de réflexions du même genre qui ne cessent de hanter plus d'un et auxquelles il faut une réponse biblique, spirituelle et éclairée.

En notre qualité de professeur de Droit et d'enseignant biblique, avec l'aide du Saint Esprit, nous vous proposons de faire un voyage dans l'univers biblique et juridique, pour qu'à l'horizon, nous puissions tous admettre que la Bible permet de comprendre l'essence du Droit d'une part ; et, d'autre part, que le Droit ne contredit pas la Bible, mais la complète.

Ainsi, tous ceux qui croient qu'un intellectuel ne peut être chrétien, ils réaliseront qu'ils se sont largement trompés. Le Dieu des chrétiens est omniscient. Alors, comment servir un Dieu omniscient et rester un illettré ou un obscurantiste [1]?

Malgré tout, nous n'avons pas le sentiment d'un travail accompli, mais nous nous sommes tout simplement mis à la disposition du Saint Esprit qui nous a fait don de son inspiration, pour l'utilité des lecteurs.

Que toutes vos attentes, généralement quelconques, soient comblées à travers la lecture de cet ouvrage. Ne voulant pas trop vous faire attendre, nous voudrions vous inviter à savourer chaque mot pour votre édification.

À Jésus seul soit la gloire !

---

[1] *L'Esprit de l'Eternel reposera sur lui: Esprit de sagesse et d'intelligence, Esprit de conseil et de force, Esprit de connaissance et de crainte de l'Eternel* (Esaïe 11 : 2). *Car l'Eternel donne la sagesse ; de sa bouche sortent la connaissance et l'intelligence* (Proverbes 2 : 6)

REMERCIEMENTS

Nous remercions en première ligne, le Dieu de toute révélation. Sans Lui, ce projet ne serait pas amené à l'existence. Non seulement il a mis en nous l'idée, mais s'est aussi chargé de nous donner l'inspiration nécessaire pour la rédaction de l'ouvrage.

Un grand merci au professeur Mackenton JEAN BAPTISTE, Diacre Pierre Richard ULYSSE du Centre Diplomatique Famille Tabernacle de Louange (CDFTL) et à notre ami frère Sony Lamarre JOSEPH qui ont, respectivement corrigé le manuscrit et préfacé le livre.

Les mots nous manquent pour exprimer notre gratitude envers les différentes institutions chrétiennes et églises qui ont eu foi en ce travail, en acceptant de contribuer financièrement à sa publication. C'est l'occasion pour nous de citer :

- Pasteur Denise NAZAIRE de la Mission de l'Église de Dieu Universelle de Jésus-Christ (MEDUJEC)

- Le Centre d'Étude et de Recherche en Droit (CERED)

D'autres n'ont pas pu financer le projet, mais leurs mots d'encouragement nous ont servi de leitmotiv pour surmonter les difficultés, lors de la rédaction. C'est le cas de la Ligue Biblique Haïtienne. Que vous tous indistinctement soient l'objet continu de la grâce et de la faveur de Dieu !

SOMMAIRE

INTRODUCTION

Du contraste apparent entre la maxime juridique *"Nul n'est censé ignorer la loi "* et du passage biblique " *Mon peuple périt faute de connaissance*[2] ", nous avons le privilège de recevoir l'opportunité de créer une passerelle pour les rendre complémentaires. Tel est l'objectif premier de cet ouvrage titré : **Le Droit expliqué par la Bible** qui se veut, aussi surprenant que cela puisse paraître, un Droit usuel à la lumière des vérités scripturaires.

Tout le monde est ciblé par ce livre. Cependant, les étudiants en Droit, les juristes, les professionnels du Droit, les théologiens, les chrétiens et les intellectuels en général se sentiront particulièrement, dans leur domaine respectif.

Cette œuvre est écrite sous forme de parallèle entre les enseignements du Droit et ceux de la Bible autour de multiples concepts. Elle est divisée en quatre parties et dix-huit chapitres qui seront suivis par une annexe et un correctum pour les quiz.

---

[2] " *Mon peuple est détruit, parce qu'il lui manque la connaissance … " (version Louis Second Osée 4 : 6)*
" *Oui, mon peuple périt faute de connaissance … " (Bible d'Etude version Semeur Osée 4 : 6)*

PARTIE I

L'ÉVANGILE ET LE DROIT

Les théologiens reconnaissent que les grands concepts de base de l'Évangile du salut sont, entre autres la repentance, la grâce, la justification, la sanctification, l'imputation. L'application de l'enseignement de ces sujets dans l'obéissance par la foi permettra au chrétien d'atteindre la glorification lors de l'avènement du Seigneur Jésus.

Sous un angle juridique, ces concepts de base de l'Évangile nous permettront d'élucider les notions de la tentative et de la complicité punissables, de l'amnistie, de la grâce et de la responsabilité face à la peine, en matière pénale. Dans cette première partie de l'ouvrage, la Bible expliquera le droit pénal en six chapitres.

CHAPITRE I
LE DROIT ET LA BIBLE

*" Toute **Écriture** est inspirée de Dieu, et utile pour enseigner, pour convaincre, pour corriger, pour instruire dans la **justice** " 2 Timothée 3 :16*

I- DÉFINITION DES VOCABLES DROIT ET JUSTICE

Pour arriver à comprendre le Droit, on utilise des significations propres à chaque sens du terme, car lui trouver une définition unique serait de vouloir combler la mer. C'est ainsi que les doctrinaires se mettent d'accord pour attribuer en préliminaires deux sens de définition au Droit.

a) La définition subjective et ses implications

Au sens subjectif du terme, le Droit est un ensemble de prérogatives que la loi accorde à un individu en vue de défendre ses intérêts. C'est la loi qui donne le droit. À ce niveau, nous comprendrons que le droit subjectif a un caractère individuel. Son but est la défense de l'intérêt personnel. Et comme nul ne peut être plus royaliste que le roi, alors ses sanctions sont d'ordre moral et s'exercent dans le temps (futur) via le remord et l'indignation.

b) La définition objective et ses implications

D'un autre côté, au sens objectif du terme, le Droit est un ensemble de règles qui régit la vie en société et dont la violation est sanctionnée par la puissance publique. Les implications de cette définition sont les suivantes : le droit objectif a un caractère collectif. Il vise l'harmonisation de la vie en société. Et pour y arriver, il utilise la puissance publique (*des institutions publiques et légales ayant des forces contraignantes telles que la Police, la Justice et la prison*). Les sanctions du droit objectif sont physiques et immédiates. Même si l'on prend du temps pour arriver à la peine à cause de la procédure, cependant la poursuite peut être exercée immédiatement.

c) Les différentes formes de Justice[3]

Du latin *justitia*, justice, ayant lui-même pour racine, *jus, juris*, le droit au sens de permission en matière de religion. La justice est un principe moral de la vie sociale, fondée sur la reconnaissance et le respect du droit des autres qui peut être le droit naturel (l'équité) ou le droit positif (la loi).

La justice est aussi le pouvoir d'agir, pour faire reconnaître et respecter ses droits (ex: rendre la justice). Elle est symboliquement représentée par le glaive et la balance

---

[3] Notes de cours d'organisation judiciaire 2ᵉ année matin FDSE du professeur Frantz POTEAU

traduisant son double rôle d'administration des châtiments et de détentrice de la vertu morale lui permettant d'imposer son arbitrage.

Au niveau d'un État, la Justice est le pouvoir judiciaire qui prend la forme d'une institution ou d'une administration publique, constituée d'un ensemble de juridictions chargées d'exercer ce pouvoir (Tribunaux, Cours...). La justice s'appuie sur des règles édictées par des instances extérieures (Constitution, traité, loi, règlement) ainsi que sur des textes élaborés au cours de l'exercice du pouvoir judiciaire (jurisprudence).

Le Droit est à la base de la distribution de la Justice. En principe, tout comme le Droit, cette notion revêt plusieurs caractères.

1-   La justice commutative

Cette justice dite aussi corrective est inspirée d'Aristote. Elle *vise simplement la réalisation de la rectitude dans les transactions privées*. Elle est « *un genre de justice qui fait abstraction des mérites personnels pour déterminer, selon une stricte égalité arithmétique, ce qui est dû à chacun* ». Elle a pour but de rétablir l'égalité lorsque celle-ci est rompue au moment d'un échange, lorsqu'un cocontractant a exécuté son obligation et l'autre pas encore, ou d'un dommage. Rendre une justice commutative est le rôle propre du juge dans les procès où il intervient comme tiers entre les parties en conflit.

On la retrouve dans la pensée de nombreux économistes libéraux tels : Adam Smith, Friedrich Hayek, et ceux nommés, en référence à Vilfredo Pareto, « les Paressiens ». Évacuant l'intervention d'un arbitre allouant à chacun les biens, en fonction de mérites qu'il détermine lui-même, la justice commutative suffit au bon fonctionnement d'un marché libre et spontané, dominé par le « laissez-faire » ; la justice n'étant pas l'émanation de la volonté d'un organisme comme l'État.

2-   La justice distributive

Du latin ''distributiva justitia'' signifiant : « le juste dans les distributions », la justice distributive règle la répartition des biens entre les membres de la société pour le bien commun. *Elle considère les mérites des individus, et distribue les biens de manière proportionnelle à ceux-là*. L'échelle des mérites n'est pas universelle et varie en fonction du régime politique et des valeurs qu'il proclame : la vertu pour l'aristocratie, la richesse pour l'oligarchie, la liberté ou le mérite en lui-même pour la démocratie, etc. Contrairement à la justice commutative qui ordonne, l'égalité des parts échangées, la justice distributive est fondée sur une égalité géométrique. En effet, elle commande l'égalité des proportions à raison des mérites.

« *La justice distributive tendra par exemple, à ce que le même rapport existe entre les honneurs que nous décernons à Mozart et à Puccini et entre les qualités respectives des musiques de ces deux compositeurs* ». Une fois les biens correctement distribués, il faudra maintenir les parts en état, ce qui est le rôle de la justice commutative.

Bien plus tard, John Rawls utilise l'expression en lui donnant un sens différent. La justice distributive de Rawls se fonde avant tout sur des données sociologiques, en premier lieu, le fait que les inégalités se transmettent de père en fils et deviennent des inégalités subies depuis la naissance, ce qui est un état de fait injuste. Elle admet donc l'existence d'une inégalité (en version originale anglaise : *unfairness*) originelle qui est injuste. Il distingue ainsi la liberté commerciale qui régule le marché, et la liberté personnelle où réside le seul et unique concept de justice. La justice sociale s'en est largement inspirée, à travers la pensée de Bentham et son principe du plus grand bonheur pour le plus grand nombre.

3- La justice sociale

La justice sociale est un principe politique et moral qui préconise l'égalité des droits et la solidarité collective, lesquelles permettent une distribution juste et équitable des richesses, qu'elles soient matérielles ou symboliques, entre les différents membres de la société.

Sur le plan subjectif, la justice sociale présuppose une réflexion sur les inégalités, en particulier sur celles considérées comme injustes et devant être corrigées. Elle peut alors être définie de manière négative, en déclarant comme injuste une situation qui n'est pas acceptable socialement. Ainsi, certaines inégalités comme les inégalités de salaire pour des métiers ou des qualifications différentes, sont, en général, considérées comme justes, car elles sont acceptées par la majorité de la société.

Les systèmes de redistribution mis en place en matière de justice sociale évoluent entre deux principes :
- le principe d'égalité des droits qui garantit le même traitement pour tous (ex : remboursement des soins par la sécurité sociale),
- le principe d'équité des situations qui cherche à tenir compte de la situation personnelle des individus (ex : allocation sous condition de ressources).

La justice sociale nécessite de la part de l'État la volonté de compenser certaines inégalités qui apparaissent dans le fonctionnement de la société et de faire en sorte que toutes les composantes de celle-ci se développent tant sur le plan économique que culturel (cf. égalité des chances). Le concept de justice sociale est apparu au milieu du XIXe siècle afin d'aboutir à une répartition équitable des biens sociaux et d'offrir aux différentes classes sociales des opportunités de développement.

Pour le libéralisme, la justice sociale est favorisée par la création d'opportunités et la protection des initiatives privées. Pour le socialisme ou la social-démocratie, la conquête de la justice sociale nécessite une intervention de l'État. C'est notamment le cas pour tempérer au moyen de la fiscalité, les profits démesurés, considérés comme immoraux, d'une faible partie de la population.

II- PRÉSENTATION DE LA BIBLE

À travers ce point, nous avons l'intention de présenter brièvement le livre des livres et surtout mettre en relief son importance.

a) Quid de la Bible ?

Les chrétiens la reconnaissent comme la Parole de Dieu. Les non chrétiens disent à leur tour, qu'il s'agit d'un ouvrage à caractère religieux, utilisé par les chrétiens parlant de leur Dieu et de ses exigences pour être en relation avec Lui. À ce stade, on pourrait accepter que chaque religion ait son livre sacré. Les juifs ont le Torah, les musulmans le Coran et les chrétiens la Bible.

b) Contenu et auteurs de la Bible[4]

Ce livre se distingue des autres, par sa structure et son mode de rédaction. En effet, il est divisé en deux testaments : Ancien et Nouveau. Les soixante six (66) livres du canon sont repartis en trente neuf (39) livres pour l'Ancien Testament allant de Genèse à Malachie et les vingt-sept (27) autres pour le Nouveau Testament de Mathieu à Apocalypse.

Ces soixante six (66) livres sont rédigés par une quarantaine d'auteurs issus de différentes classes socio-économiques et culturelles sur une période de quinze (15) siècles sans pour autant être ni contradictoires entre eux ni dépassés par le temps. Les inspirations qui y sont incluses sont actuelles et utiles à enseigner, à convaincre, à corriger et à instruire. C'est pourquoi, on croit que la Bible a un auteur ou un inspirateur unique en la personne de Dieu.

c) Importance et utilité de la Bible

C'est le livre d'orientation des chrétiens. Le roi David a décrit clairement l'importance de la Parole dans sa vie : " *Je serre ta parole dans mon cœur afin de ne pas pécher contre Toi*". [5] " *Ta parole est une lampe à mes pieds, et une lumière sur mon sentier*"[6].

---

[4] *Voir en annexe 1 à la page 154, plus de détails extraits de Cultures Bibliques sujet 1 du chapitre IV de Frantz POTEAU (non encore publié)*

[5] *Psaumes 119: 11*

[6] *Psaumes 119: 105*

La Bible n'est pas un simple manuel religieux, mais par ses sujets diversifiés, tout le monde peut y trouver sa part. Elle est la source de grandes études et découvertes scientifiques. La preuve : quand au commencement, l'homme a imaginé que la terre était plate ; la Bible a révélé qu'elle était ronde. Quelle est la forme d'un cercle ? (Job 26 : 10 ; Proverbes 8 : 27, 29 ; Esaïe 40 : 22) Elle peut permettre même à un illettré de trouver des arguments solides pour réfuter la théorie de l'évolutionniste de Charles Darwin[7] (Romains 1 : 18 – 20). Les archéologues ne font que confirmer, année après année, les récits de la Bible que l'on croirait comme des épopées. C'est le cas du déluge au temps de Noé qui a détruit la terre (Genèse 7), de l'existence du géant appelé Goliath qui fut tué par David avec une pierre lancée de sa fronde et qui a transpercé son front (1 Samuel 17 : 1 -51), et bien entendu du tombeau vide de Jésus (Matthieu 28 : 1 – 7 ; Marc 16 : 1 – 7 ; Luc 24 : 1- 8 ; Jean 20 : 1- 9) pour ne citer que ces exemples-là.

En un mot, toutes sociétés qui prennent du temps pour comprendre et appliquer ces préceptes, même à leur rythme et leur compréhension, sont donc des milieux développés où le niveau de vie est enviable. Les pays scandinaves[8] appelés pays chrétiens sont des évidences où il fait bon de vivre. Le World Happiness Report 2019 classe les pays scandinaves parmi les dix pays les plus heureux au monde. La Finlande qui, comme l'an dernier, prend la première place du classement, serait donc le pays où l'on vit le plus heureux. La Suède se classe en septième position, une progression par rapport à 2018.

III- DE LA COMPLÉMENTARITÉ DU DROIT ET DE LA BIBLE
Nous allons voir à travers les lignes suivantes que, contrairement à ce que l'on croit, le Droit et la Bible sont complémentaires.

a) Mauvaise conception de certains
Jusqu'à présent dans certaines églises ou autres milieux, il y a des personnes qui croient qu'il n'y a aucune frontière entre la Bible et le Droit ou entre les professions du Droit et la chrétienté. En d'autres termes, un vrai chrétien ne doit pas étudier le Droit, encore moins le professer.

b) L'utilité des connaissances bibliques pour l'étude du Droit
Les tenants de cette fausse thèse ont peur de voir l'étude du Droit éloigner les croyants de leur foi en Dieu. Ils pensent que le Droit contredit les ordonnances de Dieu. Même si cela parait réel, il y a une grande différence entre la réalité et la vérité. Jamais, le Droit ne peut être contraire à la volonté de Dieu. Mais les déviances du Droit que nous adoptons comme loi peuvent l'être. Du temps de Jésus, n'avait-il pas pointé du doigt la dureté des cœurs des

---

[7] *Voir en annexe 2 à la page 149, des informations sur Charles Darwin.*
[8] *Voir en annexe 3 à la page 157, des informations sur les pays scandinaves.*

pharisiens et des saducéens qui leur a permis de modifier la loi à leur manière (Matthieu 19 : 7, 8) ? Paul, d'ajouter que *la loi donc est sainte, et le commandement est saint, juste et bon. Ce qui est bon a-t-il donc été pour moi une cause de mort ? Loin de là ! Mais, c'est le péché ...* (Romain 1 : 21). Un exemple : le Droit reconnait le mariage ; c'est pourquoi, il établit des principes pour protéger la famille. Toutefois, les hommes contournent cette institution par le divorce ou le mariage pour tous en vue de satisfaire la convoitise de leur cœur. Le Droit, pour nous répéter, n'est pas contraire à la Bible, mais les déviances du Droit peuvent l'être.

Ainsi donc, puisque le Droit n'est pas contraire à la Bible, celle-ci permet de mieux saisir le fondement de l'autre. La Bible permet de comprendre le Droit. C'est ce que nous allons prouver à travers tous les chapitres de cet ouvrage. Toutefois, des précautions sont de mise pour tout pratiquant ou professionnel du Droit. La Bible reconnait que tout est permis mais tout n'est pas utile (1 Corinthiens 10 : 23). Il faut, en ce sens, éviter les mauvaises pratiques du Droit, car ce n'est pas du Droit tout simplement.

Le Droit ne fait pas de l'avocat un menteur puisque la Bible s'oppose au mensonge. Une bonne plaidoirie peut être vraie et efficace pour gagner une cause. Un avocat menteur n'est autre qu'un parlementaire corrompu, un médecin cupide, un fonctionnaire racketteur ou un tailleur, un mécanicien qui ne respectent pas les délais. Le problème, est-il dans l'étude, la science ou l'individu lui-même qui exerce la profession ? On peut trouver le bien partout et dans n'importe quelle profession, y compris le Droit des professionnels compétents et intègres, si leur cœur était prédisposé au bien.

C'est normal que tout professionnel cherche à faire du profit pour mieux vivre dans la société. En revanche, c'est la cupidité qui pousse à la fraude et à la corruption. Un avocat qui profite malhonnêtement de son client fait choix comme un pasteur qui, par souci de devenir riche à n'importe quel prix, utilisant le sacerdoce divin de manière anormale, accumule des richesses de toutes sortes au lieu de paître le troupeau de Dieu dignement. L'étude du Droit ne donne à personne une spécialité en escroquerie, mais si on est déjà escroc, on le restera même si on est fonctionnaire, religieux, banquier, commerçant, homme d'affaires, professeur ou de simples mendiants dans la rue.

IV- APPLICATION

Le droit subjectif est dit *droit de réclamation*, il exige de la connaissance des lois pour jouir de ses droits. Car, c'est la loi qui accorde le droit. Tandis que le droit objectif est le droit d'application. Il est obligatoire. D'où le principe : '' Nul n'est censé ignorer la loi''. En résumé, qu'il s'agisse du droit subjectif ou du droit objectif, la connaissance s'impose.

V- À RETENIR

> *Le Droit au sens subjectif permet à une personne de réclamer ses intérêts alors qu'au sens objectif, le Droit vise l'harmonisation de la vie en société par la puissance publique.*
>
> *Le Droit n'est pas contraire à la Bible même si les déviances du Droit peuvent l'être. La Bible permet de mieux saisir le fondement du Droit. C'est d'ailleurs pareil pour toutes les autres sciences dont les études ne peuvent détourner les croyants de la foi en Dieu si jamais ils ont eu de bonne base dans l'enseignement de la Parole.*

VI- QUIZ

1- Répondez par vrai ou faux ($1/2$ pt par bonne réponse)
a) C'est la loi qui donne de droit.
b) La justice sociale est une justice réparatrice d'inégalités qu'elle considère comme injustes.
c) Les sanctions du droit subjectif sont physiques et immédiates.
d) La justice est un principe moral de la vie sociale fondé sur la reconnaissance et le respect du droit des autres.
e) Il existe une définition unique au Droit.

2- Utilisez les mots suivants pour compléter les phrases ci-dessous ($1/2$ pt par bonne réponse)

Harmonisation   réclamation   justice   égalité   connaissance

a) Qu'il s'agisse de droit subjectif ou de droit objectif, la .... s'impose.
b) Rendre une .... commutative est le rôle propre du juge dans les procès.
c) Le droit subjectif est dite droit de ....
d) Le droit au sens objectif vise l'............................. de la vie en société.
e) La justice distributive est fondée sur une .... géométrique.

3- Faites correspondre les flèches (1 pt par bonne réponse)

a) justice distributive   1) caractère individuel
b) justice commutative   2) puissance publique
c) droit subjectif   3) égalité arithmétique
d) justice sociale   4) égalité de droits
e) droit objectif   5) mérite personnel

Résultat : _______/10

FÉLICITATIONS!!!

1- Quelles étaient vos idées préconçues sur le concept avant la lecture de ce chapitre ?

____
____
____
____
____
____

2- Qu'avez-vous appris sur le sujet ?

____
____
____
____
____
____

3- Quelles sont vos réflexions personnelles pour vous aider, soit dans l'application soit dans la compréhension de ce thème ?

____
____
____
____
____
____
____
____
____
____
____
____
____

CHAPITRE II
LE REPENTIR ACTIF DE LA TENTATIVE PUNISSABLE ET LA REPENTANCE

*" Produisez donc du fruit digne de la **repentance** "* Matthieu 3 : 8

I-   DE LA TENTATIVE PUNISSABLE

Le repentir actif est la dénégation de la tentative punissable. C'est pourquoi, l'étude de ce concept est faite avec celle de la tentative punissable.

a)   Définition de la tentative punissable

La tentative est le fait de mettre à exécution un projet qu'il soit bon ou mauvais, mais qui n'est pas arrivé à son terme ou qui n'est pas totalement achevé par des faits volontaires ou involontaires de l'auteur. Ceci dit, la tentative n'est pas de part elle-même punissable. Les juristes disent que la tentative n'est pas une infraction *sui generis*. Les articles 2 et 3 du code pénal haïtien parlent de la tentative punissable. C'est une façon de dissuader les gens à la pensée criminelle sachant que l'on n'est pas seulement puni si l'acte est concrétisé, mais même autrement, on est passible de peine pour avoir manifesté une pensée répréhensible.

b)   Types de tentatives punissables

L'infraction peut être tentée, manquée ou impossible. Dans le code pénal haïtien, on prévoit les deux premiers cas, mais pas l'infraction impossible. Ceci dit, l'infraction impossible n'est pas punissable en Haïti. Qu'elle soit tentée ou manquée ; elle est considérée au même titre que la tentative punissable qui est prévue et réprimée par les articles 2 et 3 du code pénal. Les articles suscités nous permettent de comprendre qu'il existe de la tentative punissable en matière de crime, éventuellement en matière de délit mais que celle en matière de contravention n'existe pas. D'où la formule suivante :

''La tentative de crime est toujours punissable (article 2 du C.P),
La tentative de délit peut-être punissable (article 3 du C.P)
Mais la tentative de contravention n'est pas punissable'' vu qu'elle n'est réprimée par aucun article en vertu du principe *nullum poena sine lege* qui se traduit par *"pas de peine sans loi"*.

Quels sont donc les éléments constitutifs de la tentative de crime et de ceux du délit ? Par cette réponse, on verra pourquoi l'adage dit que la tentative de délit peut être punissable alors que celle du crime l'est toujours. Il y a deux conditions à réunir pour constituer la tentative punissable en matière de crime selon l'article 2 du code pénal :

1-   Le commencement d'exécution
2-   Le désistement involontaire

Tandis que l'article 3 du code pénal fait obligation pour que la tentative de délit soit punissable, la réunion de trois éléments. Le dernier ajouté fait de la commission de cette infraction une relativité. Ces conditions sont :

1- Le commencement d'exécution
2- Le désistement involontaire
3- L'existence d'une disposition légale punissant la tentative de ce délit.

Selon les notes doctrinales mises au bas de l'article 2 du code pénal haïtien annoté par Patrick Pierre Louis, le texte de l'article 2 est assez confus dans sa rédaction. C'était aussi le cas du texte français. Par contre, la révision de 1832 a simplifié les embûches en éliminant le concept d'actes extérieurs de la définition de la tentative, car la Cour de Cassation française avait jugé que, lorsqu'une tentative a été suivie d'un commencement d'exécution, il s'ensuit nécessairement qu'elle a été manifestée par des actes extérieurs.

Pour les non-initiés en Droit ou les néophytes, il est important à cette phase d'établir une nette différence entre ces deux concepts à savoir acte extérieur et commencement d'exécution pour faciliter la compréhension totale et exacte de l'article 2 du code pénal. L'acte extérieur est un acte préparatoire à l'infraction, mais équivoque. Tandis que le commencement d'exécution est un acte insuffisant pour consommer entièrement l'infraction mais assez univoque pour révéler par lui-même le dessein criminel de l'auteur[9].

S'il y a des tentatives (infractions tentées ou manquées) qui soient punissables, que dit donc la loi au sujet de la peine ? L'article 3 du CP est clair en ce sens. La tentative du délit est punie de la même peine du délit consommé. Cependant, pour la peine de la tentative de crime, l'article 2 du code pénal haïtien actuellement est encore confus. En effet, le fait par le texte de dire que *toute tentative de crime ... est considérée comme crime*, cela implique que les deux ont la même peine en d'autres termes que la tentative de crime est punie de la même peine que le crime consommé. Malheureusement, ce texte a une conjonction de coordination qui vient de préciser une deuxième peine, *celle de la réclusion dont la durée sera proportionnée à la gravité du cas.* Des deux peines, laquelle faudra t-il tenir compte et appliquer ? La doctrine enseigne que celle qui est déterminée possède la prédominance sur l'autre qui est indéterminée. Dans ce cas, la réclusion doit l'emporter sur la peine du crime. En conclusion, c'est que toute tentative de crime est punie de la réclusion dont la durée varie de 3 à 9 ans au regard de l'article 20 du C.P

---

[9] *Notes de cours de droit pénal général de l'EDSEG, p 20*

c)   Le repentir actif

En parlant de tentative, les doctrinaires ont inventé le concept de *repentir actif*. C'est le fait qu'après avoir commis une infraction, l'auteur participe à suspendre son effet ou à aider à découvrir les autres auteurs et complices. En Haïti, cet aspect n'est pas considéré. Au point que l'auteur qui s'est repenti de son méfait sera puni normalement que comme s'il n'en avait fait aucun acte de repenti. Tel n'est pas le cas dans plusieurs autres législations où une fois l'auteur qui a tenté une infraction se repent de son action ; il bénéficie d'une circonstance atténuante ou est excusable automatiquement à la seule condition que le *repentir actif* se fasse à temps. Cela signifie qu'il a permis de suspendre la consommation de l'infraction ou a permis de retrouver les autres membres de l'association de malfaiteurs : coauteur et/ou complices.

II-   DE LA REPENTANCE QUI SAUVE

Dans la Bible, les notions de la tentative punissable et du *repentir actif* sont assimilées à celle de la repentance. Étudions ce concept biblique pour justifier nos dires.

a)   Définition de la repentance

Dans le langage commun, on confond fort souvent la repentance à la notion de conversion. La preuve c'est que le prédicateur qui n'est pas théologien, dans son sermon, termine toujours par un appel à la conversion, non à la repentance tandis qu'il devrait prêcher la repentance (Marc 6 : 12). Ce sont deux thèmes distincts. La conversion est un processus qui implique la foi et la repentance. La repentance est pour sa part, une volte-face, un abandon d'une première voie pour en prendre une autre. Dans ce contexte, la voie de la repentance est Jésus. C'est Lui seul le chemin, la vérité et la vie ; nul ne vient au Père que par Lui. (Jean 14 : 6). Personne ne peut se repentir véritablement si elle n'a de la foi qu'en Jésus (Hébreux 11 : 6 ; 7 : 23).

Il y a lieu d'indiquer deux types de repentance : initiale et continue. Les deux impliquent la foi et la confession. La repentance initiale est nécessaire pour les païens, ceux qui n'ont pas encore accepté Jésus. Elle implique la confession de reconnaître d'abord qu'on est pécheur (Nous sommes tous atteints par le péché originel en Adam, nous dit l'apôtre Paul)[10]. Ensuite, on reconnaît que Jésus seul peut nous en délivrer (par la foi cognitive). Enfin, on accepte le sacrifice de Jésus à la croix qui s'est substitué à notre place pour nous sauver (par la foi émotionnel : volonté). La Bible confirme : '' *Si tu confesses de ta bouche le*

---

[10] *Ainsi donc, comme par une seule offense la condamnation a atteint tous les hommes … C'est pourquoi, comme par un seul homme le péché est entré dans le monde, et par le péché la mort, et qu'ainsi la mort s'est étendue sur tous les hommes, parce que tous ont péché… Romains 5 : 18, 12).*

Seigneur Jésus, et si tu crois dans ton cœur que Dieu l'a ressuscité des morts, tu seras sauvé" (Romains 10 : 9).

Une fois sauvé par position, à partir de la repentance initiale, l'adepte du Christ ou le chrétien (Actes 11 : 26) est obligé de veiller constamment sur lui-même pour éviter de perdre cette relation avec son Sauveur qu'il recherche pour son Seigneur aussi. C'est pourquoi, à chaque mauvais pas accidentel, il se repent. Au fait, le chrétien doit se repentir continuellement jusqu'au dernier jour de sa vie ou à l'avènement de Christ sans faire de cela une carte blanche à mener une vie de péché.

b)   De la fausse repentance

Pour mieux expliquer ce point, nous allons mettre en parallèle deux personnages de la Bible. David qui symbolise une figure d'une vraie et bonne repentance et Saül qui est l'exemple typique d'une fausse repentance. Trois exemples suffiront pour illustrer nos dires.

1-   Saül face à Samuel // David face à Nathan

L'Éternel avait ordonné au roi Saül via le prophète Samuel de combattre Amalek et de dévouer par interdit tout ce qui appartient au peuple (1 Samuel 15: 1-3). Saül battit Amalek effectivement, mais épargna Agag, le roi et les meilleurs animaux, et tout ce qu'il y avait de bon ; ils (Saül et le peuple) ne voulurent pas le dévouer par interdit, et ils dévouèrent seulement tout ce qui était méprisable et chétif (1 Samuel 15 : 5–9). Une obéissance partielle est caractérisée par une désobéissance. Or, la désobéissance est aussi coupable que la divination (1 Samuel 15 : 23). L'obéissance à la voix de l'Eternel vaut mieux que les sacrifices, et l'obéissance à sa parole vaut mieux que les graisses des béliers (1 Samuel 15 : 22).

Face à sa désobéissance et l'appel à la repentance que Dieu lui a offert par la bouche de son prophète ; le roi Saül a répondu à Samuel après s'être excusé et rejeté la responsabilité de son péché sur le peuple (1 Samuel 15 : 15, 20, 21) : *" j'ai péché mais honore-moi "* (1 Samuel 15 : 30).

Le roi David, au contraire, a affiché une autre attitude après ses péchés. David, dans sa vie, a commis moult péchés parmi lesquels son adultère avec Bath-Scheba (2 Samuel 11 : 2-4), la femme d'Uri, l'un des officiers de son armée. Et pour cacher son crime, il va jusqu'à commanditer la mort de cet officier (2 Samuel 11 : 14-25), après ses multiples ruses qui se sont révélées vaines (2 Samuel 11 : 5-13). Les juristes modernes qualifient ces comportements de David de délit connexe[11]. Dieu a fait appel à la repentance de la part de

---

[11] *Voir en annexe 4 à la page 161, la différence entre délits complexes, connexes, continus et autres.*

David en envoyant auprès de lui le prophète Nathan (2 Samuel 11 : 27 – 12 : 1 – 12). David a compris la voix de Dieu et a saisi la grâce qui lui a été offerte en s'exclamant : " *j'ai péché contre l'Éternel* !" (2 Samuel 12 :13)

2-   Saül face à David // David face à Schimeï

À l'annonce de l'onction de David pour remplacer Saül du trône, le cœur de ce dernier se remplit de haine contre son potentiel successeur. Il a décidé de le tuer alors que David lui est resté fidèle. Saül a voulu frapper David avec sa lance contre la paroi un jour où il lui jouait de la musique (1 Samuel 19 : 10). À deux reprises, David a épargné son maitre Saül et n'a pas voulu porter la main contre lui. Sur ces entrefaites, Saül s'est repenti et a renoncé à le poursuivre (1 Samuel 24 :1-23 ; 26 :1-25), mais ce ne fut que de l'émotion. Cette repentance était de courte durée. Peu de temps après, Saül recommença et persista dans sa chasse à l'homme jusqu'à ce qu'enfin Dieu Lui-même ait dû trancher entre ces deux hommes selon la parole de David (1 Samuel 26 : 10 ; 31 : 1-7).

Le faux repentant est rancunier. Son surestime de soi peut lui servir d'obstacle pour atteindre une vraie repentance. Pour Saül, David ne devrait pas vivre du fait qu'il fut désigné par Dieu pour le remplacer. Sa rancune lui a rendu aveugle au point de ne pas voir les nombreuses bienveillances de David à son égard. Selon nous, si Saül avait coopéré avec le choix de Dieu, il ne serait pas mort sur le champ de bataille, car David combattrait à sa place, il vivrait ainsi plus longtemps et sa postérité serait sur le trône du fait que David fut aussi son gendre, en épousa Mica la fille de Saül. Qui sait si ce n'est pas pour éviter qu'un petit fils de Saül soit sur le trône en Israël que Dieu a rendu Mica stérile ? La fausse repentance est destructrice.

Contrairement à Saül qui n'avait pas de raison valable pour haïr David ; celui-ci lui-même, aurait trouvé de juste raison pour avoir une dent contre Schimeï. Qui est-il ce Schimeï ? L'auteur du livre de Samuel l'a présenté comme l'un des opposants de David. À la fuite du roi devant son fils Absalom qui s'était révolté contre lui, arrivé à Bachurim, il sortit de là Schimeï qui prononçait des malédictions, l'injuriait et lui jetait des pierres. À lui seul, Schimeï a organisé une manifestation hostile et violente contre David (2 Samuel 16 : 5-14).

Mais à son retour du trône, comme David avait interprété dans l'action de Schimeï la sanction de l'Éternel contre lui (2 Samuel 16 : 10-12) et qu'il a eu de l'affliction au moment des faits ; sa repentance sincère et vraie l'a empêché de se venger de Schimeï quand celui-ci est venu à sa rencontre implorant son pardon (2 Samuel 19 :16-23). Au contraire, il a épargné sa vie face au désir d'Abischai de tuer celui qui maudissait le roi.

3-   L'issue de la persistance des deux hommes à commettre un péché

Saül dans sa persistance à désobéir Dieu n'a jamais pu retourner au bercail. Lui qui a eu l'Esprit de Dieu sur lui au point de prophétiser à deux reprises (1 Samuel 10 : 6-12 ; 19 : 18-24). L'Esprit de Dieu s'est retiré de lui et l'espace vide est contrôlé dorénavant par un mauvais esprit à qui Dieu a permis d'y entrer pour la perte de Saül, le rebelle (1 Samuel 16 : 14). À la mort du prophète Samuel, comme il n'a plus aucun contact avec Dieu personnellement, il a dû consulter une magicienne à En-Dor (1 Samuel 28). Toute fausse repentance conduit à une chute libre et profonde de plus en plus jusqu'à l'abîme qui est le point de non retour.

Alors que dans sa vie, David a été aussi un jour persistant dans le mal. C'est l'histoire du dénombrement du peuple dans 2 Samuel 24. Mais quand il a compris son péché _ le fait de sentir battre son cœur, il l'a confessé en disant : *" j'ai commis un grand péché en faisant cela ! Maintenant, ô Éternel, daigne pardonner l'iniquité de ton serviteur, car j'ai complètement agi en insensé"*.[12] Dieu avait décidé de le punir pour son entêtement et lui a proposé par le truchement du prophète Gad le choix entre trois sanctions (V : 11-13). Le roi David dans sa sagesse a accepté son sort et a préféré tomber entre les mains de l'Éternel, car ses compassions sont immenses (V : 14). La repentance sincère et vraie engendre la confiance et provoque la miséricorde de Dieu (V 16).

c)   Les caractéristiques de la repentance

La vraie repentance se caractérise par :
- la reconnaissance de son péché,
- l'implication désastreuse de cette désobéissance dans sa vie et sa relation personnelle avec Dieu qui en est affectée,
- l'acceptation de sa propre responsabilité. Il est plus facile à se donner des excuses en jetant sa responsabilité sur les autres,
- la prise de conscience de son état actuel,
- la décision de changer cet état actuel,
- la recherche de la présence de Dieu pour plaider son dossier mais pas à le fuir,
- la confession sincère en toute humilité,
- la soumission au verdict de Dieu,
- l'exercice de sa confiance en Dieu pour recevoir de Lui son pardon,
- le fait d'être prêt à jouir du pardon de Dieu.

Un tel homme ou une telle femme obtient le pardon. (Luc 18 : 9- 14)

Tandis que le faux repentant est :
- arrogant (après son péché, Saül n'a pas appelé Dieu son Dieu mais en parlant de Lui à Samuel il a dit ton Dieu 1 Samuel 15 : 10),
- inconscient (Il ne voit pas le danger devant lui. Il est menacé de perdre le trône mais il est aveugle et sourd),
- persévérant dans le mal (1 Samuel 15 : 24 -27),

---

[12] *2 Samuel 24: 10*

* égoïste (il suffit qu'il garde sa position et son honneur devant le peuple 1 Samuel 15 : 30),
* émotionnel (son acte n'est jamais définitif car il n'agit pas en vertu d'une ferme résolution suite à une volonte ou à sa conviction).

d)   Conséquences au refus de pratiquer une bonne repentance

Celui qui tarde à faire la *repentance continue* attriste le Saint Esprit qui est en lui (Ephésiens 4 : 30) et s'il persiste dans sa voie finira par affecter sa relation avec Dieu qui provoquera sa perdition. Un péché non confessé et persistant peut précéder la chute selon le proverbe créole : " *chimen bouton se chimen maleng*".

Celui qui n'a pas encore expérimenté la *repentance initiale* est dans un état de mort spirituelle et vit physiquement dans la désobéissance avec le plan du salut de Dieu. Il exprime son rejet du Fils de Dieu, Jésus, et attire la fureur de Dieu (Jean 3 : 36). Cependant, comme l'amour de Dieu Le pousse à la patience, c'est pourquoi par miséricorde, il n'est pas encore frappé. Mais cette patience a une limite qui est la mort physique, stade auquel le rebelle ne peut plus bénéficier de la grâce. D'où vient l'équation : mort spirituelle + mort physique = mort éternelle. Celui qui est mort sans connaître Jésus-Christ et L'accepter pour son Sauveur et Seigneur perdra sa vie éternellement. Il est réservé pour la seconde mort (Apocalypse 20 : 11-15).

III-   LES SIMILITUDES DU DROIT ET DE LA BIBLE EN MATIERE DE TENTATIVE PUNISSABLE

À ce niveau trois points de ressemblance seront analysés : la pensée fautive, le timing et les conséquences ou les circonstances atténuantes.

a)   La pensée fautive

En Droit, au niveau de la tentative, c'est la pensée criminelle qui est punie non la commission ou l'omission punissable. Selon la Bible, c'est pareil en matière d'adultère. C'est la raison pour laquelle Jésus n'a pas seulement condamné l'adultère mais il va plus loin dans les évangiles à condamner aussi la pensée du cœur[13]. L'adultère n'est pas commis en ayant la relation physique mais il commence par la pensée (dans son cœur). Tout péché pour Dieu est considéré comme crime[14]. En ce sens, il y a un seul degré d'infraction : le salaire du péché est la mort[15]. Du fait que la tentative de crime est considéré comme le crime lui-même alors, Jésus a dit la pensée de l'adultère dans son cœur est pareille que de l'avoir commis. Les dispositions de l'article 2 du code pénal sont en harmonie avec celles de la Bible.

---

[13] *Matthieu 5: 27, 28*
[14] *Exode 34: 7*
[15] *Romains 6: 23*

b)   Le timing

Le repentir actif doit permettre de suspendre les effets de l'infraction. Dans le cas de Judas qui a remis les trente pièces d'argent montant de sa négociation avec les chefs religieux en Israël pour qu'il leur livre le Messie ; mais malgré tout, Jésus est mort. Son action n'a pas permis de suspendre les effets de sa trahison (Matthieu 27: 3– 5). Il est resté complice de l'assassinat de Jésus.

S'il a raté le timing, son geste pourrait contribuer à faire découvrir les comploteurs de la mort de Jésus. Il pourrait choisir d'avilir son action auprès du peuple et dénoncer le complot des sacrificateurs avec la preuve à conviction la rançon. Mais il a préféré les protéger en se suicidant. Cet acte de lâcheté n'est pas du *repentir actif*. Ce n'était que tout simplement du remord qui n'a eu aucun des effets du repentir actif en Droit ou de la repentance selon la Bible.

Si on se repent après la commission de l'acte, il faudra cesser à l'avenir de reproduire le même fait en contribuant au contraire à sa destruction. C'est pourquoi toute bonne repentance est suivie d'une confession sincère et utile sinon ce n'est que de la farce ou du remord. Or, Dieu connaît le cœur de tout homme. Personne ne peut Le tromper ni Le prendre par ruse. La repentance selon la Bible, tout comme le repenti actif en sens juridique, exige la dénonciation (confession) de soi ou des autres en parlant des complices pour être réelle et efficace sinon, ils n'entraîneront aucun effet de changement en terme de conséquence ou de peine.

c)   Les conséquences ou les circonstances atténuantes

Pour certaines législations, le *repentir actif* entraîne une circonstance atténuante. Il y a des péchés commis, même lorsqu'on s'en repent, cette repentance ne peut éliminer les conséquences déjà encaissées ou prononcées. David a dû perdre le fils qu'il a conçu de son acte d'adultère avec Bath-Scheba (2 Samuel 12 :13–23). Toutes les sentences déjà prononcées par Dieu à travers la bouche de son prophète Nathan se sont réalisées. Toutefois, les circonstances atténuantes ont permis que David garde au moins le royaume. Il a été certes chassé du trône par son propre fils Absalom, il a pris l'exil ; mais après la mort d'Absalom, il a regagné le trône. Achab aussi s'est repenti sincèrement dans le cas du jugement de Dieu contre lui suite à la mort de Naboth. Puisque la sentence était déjà prononcée, elle devient effective après sa mort selon les dires de Dieu (1 Rois 21 : 27-29). Le repentir actif n'est pas toujours excusable.

IV-   APPLICATION

Vu qu'il y a plus de profit à faire une vraie repentance que de bluffer, il est bon de se repentir sincèrement. Cependant il est nécessaire de veiller constamment sur soi-même et de réduire ainsi au maximum les occasions pour lesquelles on sera obligé de se repentir.

Dans la vie sociale aussi, il est vrai que le droit pénal poursuit un troisième objectif qui est la réinsertion du délinquant après avoir purgé sa peine, mais la décision la plus sage à prendre, c'est d'éviter la prison en menant une vie conforme à la loi dans la mesure du possible.

V-   À RETENIR

La tentative est le mécanisme légal établit par l'homme pour réprimer les pensées criminelles moyennant certaines conditions.

Toute pensée rebelle à Dieu et à sa parole est considérée comme péché même s'il n'y a pas encore eu d'action. C'est assimilable à la tentative punissable dont l'échappatoire est le repentir actif.

VI-   QUIZ

1-   Répondez par vrai ou faux (1/2 pt par bonne réponse)
a)   La tentative de contravention est punissable.
b)   L'infraction impossible n'est pas punissable en Haïti.
c)   Le repentir actif n'est pas excusable en Haïti.
d)   La tentative de délit est punie de la réclusion.
e)   La tentative de crime est punie de la même peine que le crime consommé.

2-   Utilisez les mots suivants pour compléter les phrases ci-dessous (1/2 pt par bonne réponse)

Manquée   repentir actif   relativité   dénégation   acte extérieur
a) La troisième condition de la tentative de délit fait de cette infraction une ....
b) L' .... précède le commencement d'exécution.
c) L'infraction .... est une tentative punissable.
d) La tentative précède le ....
e) Le repentir actif est la .... de la tentative punissable.

3- Faites correspondre les flèches (1 pt par bonne réponse)
a) infraction non consommée   1) tentative de délit
b) aucun texte le punissant   2) tentative de crime
c) peut être punissable   3) tentative punissable
d) réclusion   4) suspend les effets de la tentative
e) repentir actif   5) tentative de contravention

Résultat : _______/10

FÉLICITATIONS!!!

1-   Quelles étaient vos idées préconçues sur le concept avant la lecture de ce chapitre ?

2-   Qu'avez-vous appris sur le sujet ?

3-   Quelles sont vos réflexions personnelles pour vous aider, soit dans l'application soit dans la compréhension de ce thème ?

CHAPITRE III
LA PEINE EN DROIT ET LE SALAIRE DU PÉCHÉ
*" Car **le salaire du péché**, c'est **la mort** ; mais le don gratuit de Dieu, c'est la vie éternelle en Jésus-Christ notre Seigneur"* Romains 6 : 23

I-   LE DROIT PÉNAL ET LA PEINE EN DROIT

Ce qui distingue le droit pénal des autres matières de Droit est son aspect d'obligation assortie de la peine. La maxime *nullum crimen sine lege* (pas de crime sans texte de loi) est déterminante en droit pénal. L'étude des peines permet de mieux comprendre le droit pénal.

a)   Définition du droit pénal

Il n'est pas difficile de définir le droit pénal ou droit criminel : la définition s'inspire de l'appellation même de ce droit. C'est en quelque sorte le droit de punir, au moyen de peines ou châtiments, les actions ou inactions de l'homme susceptibles de porter atteinte à l'ordre social.

b)   Buts du droit pénal

En édictant des lois pour la répression des délits, le législateur a voulu non seulement punir, mais aussi prévenir. En effet, les peines constituent une véritable menace pour l'individu tenté de commettre un crime, et la crainte du châtiment le retient sur cette pente. Le droit pénal a donc pour but de rassurer les citoyens et de rétablir la tranquillité dans leurs esprits par le respect des droits essentiels et l'observation des lois fondamentales garantissant ces droits. À côté de ces deux buts, le droit pénal vise aussi, après la sanction, à reinserrer socialement la personne. D'où le rôle de la prison qui devrait être un lieu de correction et de redressement. C'est pour cela les doctrinaires disent que le droit pénal poursuit trois buts : la prévention, la répression et la réinsertion.

c)   De l'importance de la peine en droit pénal

La peine du droit pénal s'occupe des infractions à travers le code pénal. Ce document ne s'est pas donné la peine de définir l'infraction que l'on peut considérer comme une violation de la loi pénale par action ou omission, violation sanctionnée par une peine. Mais dans la définition suivante, se trouvent réunis les divers éléments constitutifs du délit ou de l'infraction. C'est la violation d'une loi de l'État promulguée pour protéger la sécurité des citoyens, résultant d'un acte externe de l'homme, positif ou négatif, socialement imputable, ne justifiant pas l'accomplissement d'un devoir ou l'exercice d'un droit et puni d'une peine par la loi.

La peine est un châtiment infligé au délinquant au nom de la société, en raison de l'infraction qu'il a commise. C'est une mesure d'expiation, c'est-à-dire qu'elle tend à frapper le coupable d'un mal proportionné à la gravité du délit commis, à la perversité de l'agent et à l'intensité de la peine.

1- Caractères des peines

Les peines doivent être :

- *Légales*, c'est-à-dire établies par la loi. C'est le principe *nulla poena sine lege*.
- *Conformes à la morale et aux mœurs.* Ainsi certaines peines comme le fouet public, le carcan, le pilori sont prohibées par les législations pénales parce qu'elles démoralisent tant les spectateurs que le condamné lui-même.
- *Personnelles.* Elles ne s'appliquent qu'à la personne du coupable lui-même, auteur ou complice qui, seul, doit supporter les conséquences de son acte. Elles ne doivent pas atteindre un innocent (parents, amis ou domestiques). Cependant il y a des cas où, malgré leur personnalité, les peines rejaillissent sur la famille du condamné. C'est le cas de la confiscation des biens qui prive les héritiers présomptifs du patrimoine du condamné. C'est le cas aussi de fermeture d'établissement qui frappe tant le patron que les employés.
- *Proportionnées au délit et à la responsabilité du délinquant.* On ne peut pas appliquer une même peine pour toutes les infractions. C'est pourquoi le législateur a classé et énuméré ces infractions, et en tenant compte de leur gravité respective, fixé une peine pour chacune d'elles. Il a aussi laissé au juge la latitude de varier entre un minimum et un maximum pour lui permettre de proportionner la peine à la responsabilité du délinquant.
- *Égales pour tous.* Cela suppose que les divers auteurs d'infractions similaires, quand ils présentent le même degré de culpabilité, doivent subir la même dose de souffrance. C'est pourquoi, dans la pratique, on est obligé de considérer la sensibilité respective des délinquants, leur condition sociale et leur degré de fortune. Ainsi le juge, usant de la latitude qui lui est laissée dans l'application des peines, infligera au pauvre une amende d'une valeur moindre qu'au riche. De même un vagabond attrapera une peine de prison de plus longue durée qu'une personne respectable.

2- Classification du degré de l'infraction

D'après une première division fondamentale correspondant à la division des infractions, on distingue : les peines criminelles pour les crimes, correctionnelles pour les délits et de simple police pour les contraventions.

Les peines se divisent encore en peines principales, accessoires et complémentaires.

On appelle peines principales, celles qui constituent la sanction directe de l'infraction. Ces peines sont indépendantes, c'est-à-dire qu'elles peuvent être prononcées seules, mais elles doivent l'être expressément par le jugement de condamnation : Exemple : réclusion, emprisonnement...

Les peines accessoires sont celles emportées de plein droit, par la condamnation à certaines peines principales. Il n'est pas nécessaire qu'elles soient prononcées par le juge. Attachées par la loi à une peine donnée, elles sont comme la conséquence forcée de cette peine. Ainsi, les travaux forcés à perpétuité ou à temps, entraînent la perte ou la suspension des droits civils et politiques (articles 17 et 18 du code pénal)

Les peines complémentaires, au contraire, ne sont pas encourues de plein droit, elles doivent être expressément prononcées par le juge, mais comme les peines accessoires, elles ne sont pas prononcées seules, elles accompagnent nécessairement une peine principale. Ainsi, la confiscation est une peine complémentaire.[16]

II-   LE PÉCHÉ ET SON SALAIRE

Le droit pénal a sa source dans la Bible qui enseigne qu'il y a un salaire pour le péché. Dieu n'avait-il pas, depuis le jardin d'Eden annoncé son châtiment à celui qui désobéira en mangeant le fruit défendu (Genèse 2 : 16 et 17) ?

a)   Définition et origine du péché

Toute désobéissance à la volonté de Dieu qui est sa loi est considérée comme péché. En un mot pour reconnaître qu'un comportement est un péché, il faut connaître la loi de Dieu qui l'interdit (Romains 7 : 7).

La Bible se sert d'un ensemble de mots pour désigner le péché. C'est le cas de parler de transgression (Psaumes 32 : 1-5), de mal (Genèse 6 : 5 ; 8 : 21), d'iniquité (Psaumes 51 : 2, 9), de crime/ de faute (Exode 34 : 7), d'impureté (Lévitique 16 : 16), de révolte (Josué 22 : 22), de corruption (Esaïe 1 : 4), d'esclavage (2 Pierre 2 : 19) pour ne citer que ceux-là.

Le péché a son origine à partir de Lucifer qui s'est rebellé contre Dieu par son orgueil (Ezéchiel 28 : 17), mais pour l'humanité, il a eu ses effets dans la désobéissance d'Adam et Eve (Genèse 3 : 1 – 7) et depuis lors, l'homme hérite cet état de péché (Romains 5 : 12, 15 ; 1 Corinthiens 15 : 22).

b)   Les châtiments de Dieu

Le péché est la cause unique pour laquelle Dieu punit et ceci quelle que soit sa forme : le meurtre (1 Samuel 24 : 11), l'idolâtrie (2 rois 17 : 14-24 ; Jérémie 2 : 9-13) ou toute autre désobéissance à sa volonté (Deutéronome 28 : 15-68 ; Néhémie 9 : 26).

---

[16] *Voir en annexe 5 à la page 169, le tableau des peines en droit pénal haïtien.*

Dieu peut châtier temporairement par :

La maladie	(2 Chroniques 26 : 19, 20)
La sécheresse	(1 Rois 17 : 1)
La famine	(Lamentation 2 : 11)
Des tempêtes violentes	(Jonas 1 : 4)
Des défaites	(Juges 2 : 10-15)
L'exil	(2 Chroniques 36 : 15-20)

Dans le Nouveau Testament, le salaire du péché est la mort (Romains 6 : 23) spirituelle avant tout et si le châtié ne se repent pas pour bénéficier de la grâce de Dieu ; il risque le châtiment éternel (Apocalypse 20 : 15).

III- LES TRAITS COMMUNS ENTRE LE PÉCHÉ ET L'INFRACTION

a) Qu'il s'agisse du péché ou de l'infraction, les deux, par définition impliquent l'idée d'une désobéissance, soit à la volonté de Dieu, soit à la loi pénale.

b) Le législateur, en prévoyant la peine, ne vise pas en premier lieu la sanction, mais par elle, il cherche à dissuader tout citoyen de commettre des infractions. Il en est de même pour Dieu. Il n'aime pas nous punir, mais par les châtiments qu'Il nous inflige, Il espère nous voir repentir de nos péchés pour nous en pardonner.

c) Le droit pénal prévoit la réhabilitation[17] alors que la Bible parle de régénération pour tous ceux qui expérimentent la nouvelle vie suite au pardon en Christ.

d) La peine et la sanction du péché sont personnelles. En Droit, il est de principe que la responsabilité pénale est personnelle. Cet adage est la copie du principe biblique : *l'âme qui pèche est celle qui mourra* (Ezéchiel 18 : 4).

c) Parallélisme des peines appliquées par les hommes dans la Bible et le code pénal

Peines non capitales		
Peines	**Bible**	**Code pénal**
Dédommagement	Exode 21 : 22	Article 11
Confiscation des propriétés	Esdras 7 : 26	Articles 10 et 383
Emprisonnement	1 Rois 21 : 27 ; Actes 12 : 4	Articles 9 et 383
Bannissement ou exil	Esdras 7 : 26 ; Apocalypse 1 :9	Article 8
Peine capitale		
Mort par lapidation (Deutéronome 22 : 24 ; Actes 7 : 59), brulé (Lévitique 20 : 14), tué par l'épée (Actes 12:2 ; Hébreux 11:37), pendu (Esther 7:9), crucifié (Marc 15: 20, 24). Certains pays pratiquent encore la peine de mort. Haïti pour sa part, l'a aboli en 1986.		

---

[17] *La réhabilitation est une décision judiciaire qui anéantit pour l'avenir la condamnation pénale subie et ses conséquences, permettant ainsi au condamné de recouvrer ses droits perdus et de redorer son blason (notes de cours de droit pénal général de l'EDSEG, p 74)*

IV-   APPLICATION

La loi est certes, l'instrument par lequel nous connaissons le péché ou l'infraction, mais commettre ou non une infraction ou un péché ne dépend pas seulement de cette connaissance, la volonté de l'agent est aussi déterminante. On peut choisir ou non de pécher ou de commettre une infraction. C'est à nous de contrôler ce désir. D'où la moralité de la sanction et toute l'importance de l'élément intentionnel de l'infraction.

V-   À RETENIR

L'infraction est toute désobéissance par commission ou omission à la loi. Le péché est toute désobéissance à la volonté de Dieu qui est Sa loi. Qu'il s'agisse de la Bible ou du Droit ; la loi est importante pour identifier l'infraction ou le péché.

VI-   QUIZ

1-   Répondez par vrai ou faux ($1/2$ pt par bonne réponse)
a)   Seule une action commise peut être infraction.
b)   Le juge a la latitude de l'application des peines.
c)   La réclusion est une peine complémentaire.
d)   On dit droit pénal ou droit criminel.
e)   La peine a un caractère personnel.

2-   Utilisez les mots suivants pour compléter les phrases ci-dessous ($1/2$ pt par bonne réponse)

   Personne   accessoires   prévenir   punir   société
a) En édictant des lois pour la répression des délits, le législateur a voulu non seulement punir, mais aussi ....
b) la peine est infligée au délinquant au nom de la ....
c) Les peines .... sont celles emportées de plein droit par la condamnation à certaines peines principales.
d) Le caractère personnel des peines s'applique qu'à la .... du coupable lui-même.
e) Le droit pénal est le droit de ....

3- Faites correspondre les flèches (1 pt par bonne réponse)
   a) droit pénal   1) contravention
   b) simple police   2) emprisonnement
   c) peine complémentaire   3) peine
   d) peine principale   4) confiscation
   e) établi par la loi   5) caractère légal

   Résultat : ______/10

FÉLICITATIONS!!!

1- Quelles étaient vos idées préconçues sur le concept avant la lecture de ce chapitre ?

____
____
____
____
____
____
____

2- Qu'avez-vous appris sur le sujet ?

____
____
____
____
____
____

3- Quelles sont vos réflexions personnelles pour vous aider, soit dans l'application soit dans la compréhension de ce thème ?

____
____
____
____
____
____
____
____
____
____
____
____

CHAPITRE IV

LES TRAITS COMMUNS ENTRE LA GRACE EN DROIT ET CELLE DONT PARLE LA BIBLE

*" Car c'est par la **grâce** que vous êtes sauvés, par le moyen de la foi. Et cela ne vient pas de vous, c'est le don de Dieu"* Ephésiens 2 : 8

I-   DES SUSPENSIONS ET DES EXTINCTIONS DE LA PEINE

La grâce est certes la dénégation de la peine mais elle est extraite de l'étude de son extinction. D'où le titre de cette section qui sera divisée en quatre points :

a)   Définition des concepts

Quand une infraction est commise, la société attend qu'une sanction soit prononcée, sinon c'est le règne de l'impunité. À ce propos, l'ancien directeur général de la Police Nationale d'Haïti (PNH), monsieur Michael Gédéon eut à dire : " *Le problème des gangs armés n'est pas né un beau matin, il est la résultante d'une série d'occasions manquées, d'une série de facteurs d'ordre structurel et conjoncturel dont l'impunité, l'instabilité politique, l'insouciance de l'Etat, la faillite de l'éducation et des organes de socialisation (famille, église, école, etc).*"[18]

Malgré toutes ces rigueurs de la loi, il survient des circonstances spécifiques où la loi permet d'amoindrir la peine, voire la réduire à néant. Au fur et à mesure que les conditions de la suspension et de l'extinction de la peine seront précisées.

b)   De la suspension de la peine

En Droit, tout n'est qu'une question de délai. L'infraction, une fois commise, doit être poursuivie, car passé un certain délai, elle est prescrite. Il en est de même pour la peine. Même si elle est prononcée, elle doit être exécutée, sinon elle est sujette à la prescription. Or, il arrive des cas où la procédure ralentit la poursuite ou le procès. La suspension de la peine interrompt le délai de la prescription.[19]

Comme cause de suspension de l'exercice de l'action civile, il y a le principe " *le criminel tient le civil en état"*. Dans le cas où l'action civile est intentée séparément de l'action publique, l'exercice de l'action civile doit être suspendu jusqu'à ce qu'il ait été statué

---

[18] *Texte extrait d'une interview exclusive du directeur général de la Police Nationale Michel-Ange Gédéon au Nouvelliste, publié le 26 août 2019*

[19] *La prescription pénale a pour but d'éteindre la condamnation et la peine prononcée lorsque le condamné à échappé par la fuite à l'exécution de cette condamnation pendant un certain temps fixé par la loi. On suppose en effet que celui qui s'est caché pendant de longues années a suffisamment souffert pour qu'il soit dispensé de subir la peine, et que d'ailleurs la société a oublié la condamnation ainsi que l'infraction. La prescription a pour effet de libérer le condamné de l'exécution matérielle de la peine, mais la condamnation n'est pas pour autant effacée ; elle produit tous ses effets légaux comme si la peine avait été subie en réalité. Par conséquent, la condamnation prescrite peut servir de base à la récidive ; elle laisse subsister toutes les incapacités inhérentes à cette condamnation. (Notes de cours de droit pénal général de l'EDSEG, p 71)*

définitivement sur l'action publique intentée avant ou pendant la poursuite de l'action civile.

c) Des extinctions de la peine

L'extinction pour sa part, contrairement à la suspension, éteint la peine en matière pénale. Les différentes causes d'extinction de peine sont :

1- L'exécution normale ou complète comme la libération
2- L'application du non cumul des peines
3- La mort du condamné
4- La réhabilitation
5- L'exception de la chose jugée
6- La prescription
7- L'amnistie
8- La grâce

d) La grâce et l'amnistie en particuliers

Les deux dernières causes d'extinction nous intéressent particulièrement. L'amnistie est une mesure qui tend à faire oublier une infraction en effaçant la condamnation ainsi que l'acte délictueux lui-même. L'amnistie n'est prononcée qu'en matière politique par arrêté du Président de la République, contresigné par le Ministre de la Justice. Elle relève donc du pouvoir exécutif et non du législatif comme cela se pratique dans certains pays où l'amnistie découle d'une loi, et comme l'ont soutenu certains auteurs qui prétendent que l'amnistie déroge à la loi pénale qu'elle abroge temporairement.

L'amnistie opère *in rem*, c'est-à-dire qu'elle porte sur le délit même qu'elle anéantit ; c'est pourquoi l'arrêté d'amnistie ne comporte pas comme l'arrêté de grâce, les noms des individus, bénéficiant de la mesure, mais seulement la nature de l'infraction ou des infractions visées par cette mesure. Elle est donc objective et non individuelle.

L'amnistie peut être prononcée soit avant, soit après les poursuites, et même après les condamnations par contumace. Il n'est donc pas nécessaire que la condamnation soit devenue irrévocable, comme pour la grâce, pour que l'amnistie trouve son application. Elle arrête les poursuites déjà commuées comme l'exécution de la peine.

Le plus souvent, l'arrêté d'amnistie englobe une catégorie d'infractions déclarées inexistantes pendant une certaine période fixée par l'arrêté. En conséquence, les dispositions de la loi pénale qui punissent ces infractions sont considérées comme abrogées temporairement. Cela peut arriver par exemple qu'à la suite d'une révolution où le gouvernement qui en est issu, prenne une mesure d'amnistie pour tous les actes répréhensibles à caractère politique, commis pendant la période révolutionnaire.

Nous avons dit que l'amnistie anéantit rétroactivement l'infraction. En conséquence, dès la parution de l'arrêté d'amnistie, l'action publique est éteinte, et les inculpés, prévenus, accusés ou condamnés, auteurs des crimes et délits amnistiés, ne peuvent en refuser le bénéfice. Quand le fait principal est accompagné d'un délit accessoire, celui-ci profite de l'amnistie de l'infraction principale. La condamnation effacée par l'amnistie l'est avec toutes ses conséquences ; elle ne peut pas servir de premier terme à la récidive. L'amnistie profite aux auteurs comme aux complices, lesquels sont dispensés de la réhabilitation. Les amendes et frais de justice dûs au trésor public sont réduits à néant, et on en doit restituer le montant au condamné qui les avait payés. Mais les droits des tiers doivent être respectés, en ce sens que l'amnistie ne porte pas atteinte aux poursuites civiles s'il y a lieu.

La grâce, pour sa part, est une faveur par laquelle le chef de l'État, dans sa souveraineté libère le condamné de l'exécution des peines prononcées contre lui, par les tribunaux. Cette grâce s'opère par la remise totale ou partielle de la peine ou par commutation, c'est-à-dire changement de la peine en une autre. Le droit de grâce n'appartient qu'au Président de la République qui le détient de la Constitution.

La grâce a pour effet de faire cesser immédiatement la peine quelle qu'elle soit. En outre, aux termes même de la loi, elle fait entrer le condamné dans ses droits civils et politiques, mais la grâce n'efface pas tout à fait la condamnation qui peut servir de base à la récidive.

II- DE LA GRACE DE LA BIBLE

Les chrétiens chantent " *tout gras Bondye se pou gran mesi* ". Ceci dit que cette notion n'est pas seulement juridique, sa source est de Dieu aussi.

a) Définition biblique

La grâce est une faveur gratuite et imméritée de Dieu (Ephésiens 2 :8 ; 1 Pierre 5 :10). C'est donc un cadeau du Dieu opérant en trois dimensions, car le Père fait grâce (Psaumes 86 : 15 ; Jacques 1 :17) ; le Fils fait de même grâce (Jean 1 : 17 ; 1 Corinthiens 1 : 4) et le Saint Esprit aussi (Zacharie 12 : 10 ; Hébreux 10 :29).

La grâce, théologiquement, est aussi une période. En effet, nous sommes sous la dispensation de la grâce, celle qui a succédé à la loi (Romains 6 :14). Enfin, la grâce est l'une des caractéristiques du trône de Dieu (Hébreux 4 : 16).

b) Comment pouvons-nous recevoir la grâce ?

- En acceptant le Christ (Jean 1 :14, 16 ; 2 Corinthiens 8 : 9 ; Ephésiens 1 : 6)
- En étant humble (Proverbe 3 : 34 ; Jacques 4 :6)
- Du fait qu'elle soit une faveur, elle ne découle donc pas des bonnes œuvres (Romains 11 : 6 ; 2 Timothée 1 : 9)

- Du fait qu'elle soit imméritée, elle ne résulte non plus de l'observance de la loi (Romains 6 : 14 ; Galates 2 : 16)

c) Ce qui découle de la grâce pour les croyants

- Ils sont élus (Romains 11 : 5), appelés (Galates 1 : 15), justifiés (Romains 3 : 24 ; Tite 3 : 7 ; Romains 5 : 17), sauvés (Actes 15 : 11 ; Tite 2 : 11), rachetés (Romains 3 : 24), pardonnés (Ephésiens 1 :7) au moyens de leur croyance en Dieu (Actes 18 : 27).
- Ils reçoivent des dons spirituels (Romains 12 :6 ; Ephésiens 4 :7–12), l'encouragement (2 Thessaloniciens 2 :16), l'aide dans les moments difficiles (Hébreux 4 :16), ce qui les rend capables de supporter la souffrance (2 Corinthiens 12 : 9) et de produire de bonnes choses (Romains 8 : 32 ; Jacques 1 : 17).
- Ils ont de l'espérance (2 Thessaloniciens 2 : 16) pour attendre leur glorification en Christ (2 Thessaloniciens 1 : 12)

III- LES CAS DE SIMILITUDES

Comme le titre du chapitre l'a annoncé, la notion de grâce, qu'elle soit de la Bible ou du Droit, se retrouve avec des points communs.

a) Du champ d'application de la grâce

En Droit, la grâce peut être employée pour toute infraction de droit commun alors que l'amnistie se limite au crime politique. Par extrapolation, on peut considérer comme de la grâce en matière fiscale, quand l'administration décide d'annuler les dettes des contribuables, de les couponner ou d'accorder un moratoire aux justiciables pour s'acquitter.

C'est ainsi que la grâce de Dieu peut couvrir tous les péchés de l'homme et ceci quelle que soit sa profondeur. La grâce surabonde là où le péché a abondé (Romains 5 :20).

b) La souveraineté de l'autorité de grâce

Le Président de la République utilise son droit de grâce dans sa souveraineté. Aux termes de la loi sur le droit de grâce et de commutation de peines, la grâce ne peut être accordée qu'aux condamnés qui l'auront méritée par leur conduite exemplaire ou qui ne seraient pas moralement ou intentionnellement coupables, ceux qui se sont repentis de leurs crimes, laissant croire ainsi qu'ils n'ont cédé qu'à une force irrésistible et non à une volonté criminelle. Les mineurs qui auraient agi sous la mauvaise influence des parents, tuteurs ou étrangers, ceux enfin qui seraient victimes d'une erreur judiciaire dont il serait urgent de réparer les effets nuisibles. Assez souvent, les condamnés à mort exercent un recours gracieux, au Chef de l'État, qui presque toujours, commue cette peine. D'une façon générale, le Président de la République est libre d'accorder sa grâce à n'importe quel condamné, sans avoir à fournir d'explications. Même si le bénéficiaire ne la mérite pas, mais si le Président lui accorde sa grâce dans sa souveraineté, personne ne peut le contester. Aucun recours n'est possible contre un arrêté qui accorderait une grâce violant les restrictions.

Dans la Bible, la grâce est exercée dans la souveraineté de Dieu (Exode 33:19). Certains pensent que, vu la noirceur de leur cœur et des actes qu'ils ont commis, Dieu ne peut les gracier. Cette réflexion ne fait pas honneur à un Souverain à qui appartient toute autorité et que nul n'aura raison face à Lui. Dans sa souveraineté, Dieu accepte d'attribuer sa grâce à ceux qui, particulièrement ne la méritent pas pour mieux exprimer l'idée de la faveur, de la grâce. Les bénéficiaires peuvent avoir part à la grâce de Dieu (Philippiens 1:7) et possèdent une grâce surabondante (2 Corinthiens 9 : 8 ; 1 Timothée 1 : 14).

c)　La loi de la demande

Le Chef de l'État exerce le droit de grâce par voie d'arrêté contresigné par le Ministre de la Justice. Le Ministère de la Justice prépare cet arrêté sur la liste des condamnés dont le recours en grâce a été agréé. Ce recours est formé par pétition adressée au Président d'Haïti, accompagnée des pièces justificatives, s'il y en a, mais cette demande doit être aussi constatée par une déclaration faite sur les registres du tribunal qui aura rendu le jugement.

Jésus a dit quiconque demande, reçoit (Mathieu 7 : 8). La grâce est certes, une faveur, mais elle est trop précieuse pour être accordée à ceux qui ne connaissent pas sa valeur. Il faut la réclamer. Si en Droit, la demande est introduite par requête et une fois le recours agréé, l'arrêté est signé par le Président et contresigné par le Ministre de la Justice, dans le principe divin, le recours est exercé auprès de Jésus qui est la voie, le point de contact (Jean 14 : 6). C'est lui qui contresigne par son sang avec le Père, notre arrêté de grâce sur notre demande.

d)　Les limites de la grâce

Elle laisse intact les intérêts civils et droits acquis des tiers. Par conséquent, le gracié n'est pas dispensé de payer les dommages-intérêts et frais auxquels il peut être condamné en faveur de la partie civile, et s'il les avait déjà acquittés, il ne peut en réclamer la restitution. Selon la Bible, la grâce a aussi des limites. Elle prend effet sur les actes passés et actuels. Une fois gracié, le croyant doit grandir en grâce (2 Pierre 3:18). Il doit vivre en sorte à prouver qu'il n'a pas reçu la grâce en vain (2 Corinthiens 6 : 1), sinon il peut ne plus être sous la grâce (Galates 5 : 4 ; Hébreux 6 : 4 – 6).

e)   La grâce est personnelle

Lorsque la grâce s'applique à un seul individu isolément, on dit qu'elle est individuelle, mais elle peut être aussi collective, lorsque plusieurs condamnés sont graciés en même temps. Cela arrive surtout à l'occasion d'une fête nationale comme le premier janvier, ou l'élection du Président de la République, malgré tout chaque condamné gracié doit être individuellement dénommé.

C'est ainsi que le salut par grâce de Dieu est personnel. Le désir de Dieu est le salut de tous les hommes (Matthieu 18 : 14 ; Tite 2 : 11), c'est la grâce collective, mais l'octroi de la grâce est individuel à condition de la requérir personnellement.

IV-   APPLICATION

Dans la vie, si cela nous arrive de broncher et de commettre un mal, nous devons avoir le courage de nous relever et de reprendre notre marche en suppliant la grâce divine.

V-   À RETENIR

La grâce est un concept de Droit tout comme de la Bible. Dans les deux domaines, elle est octroyée sur demande, selon la souveraineté de l'autorité suprême et ceci quelle que soit l'infraction ou le péché, que l'auteur soit déjà condamné ou non.

VI-   QUIZ

1-   Répondez par vrai ou faux ($1/2$ pt par bonne réponse)
a)   La grâce est la dénégation de la peine.
b)   La grâce est une cause de suspension de la peine.
c)   L'amnistie annule la possibilité de la récidive.
d)   La grâce annule la possibilité de la récidive.
e)   L'arrêté de grâce est signé du Président de la République et contresigné du Ministre de la Justice.

2-   Utilisez les mots suivants pour compléter les phrases ci-dessous ($1/2$ pt par bonne réponse)

    Éteint   recours   impunité   suspension   souveraineté

a) Quand une infraction est commise, la société attend qu'une sanction soit prononcée sinon c'est le règne de l'.......................
b) la .... de la peine interrompt le délai de la prescription.
c) L'extinction .... la peine en matière pénale.
d) Aucun .... n'est possible contre un arrêté de grâce.
e) La grâce est de la .... du Président de la République.

3- Faites correspondre les flèches (1 pt par bonne réponse)

a) dénégation de la peine   1) politique

b) criminel tient le civil en état   2) suspension de la peine

c) amnistie   3) toutes matières

d) mort   4) grâce

e) grâce   5) extinction de la peine

Résultat : _______/10

FÉLICITATIONS!!!

VII- COMMENTAIRES

1-   Quelles étaient vos idées préconçues sur le concept avant la lecture de ce chapitre ?

____
____
____
____
____
____
____

2-   Qu'avez-vous appris sur le sujet ?

____
____
____
____
____
____

3-   Quelles sont vos réflexions personnelles pour vous aider, soit dans l'application soit dans la compréhension de ce thème ?

____
____
____
____
____

CHAPITRE V

LA COMPLICITÉ PUNISSABLE ET L'EXCITATION À LA QUERELLE

*" Il y a six choses que hait l'Éternel, et même sept qu'il a en horreur... et celui qui **excite des querelles** entre frères."* Proverbes 6 : 12 – 19

I-   DE LA COMPLICITÉ PUNISSABLE

Entre celui qui commet le crime et l'auteur intellectuel, lequel des deux est le plus dangereux ? C'est une question préoccupante pour le Droit qui a fixé sa position claire et nette.

a)   Contextualisation du concept

Si la sanction est bonne en droit pénal dans la lutte contre la criminalité, le fait de punir la personne idéale est meilleure et indispensable pour gagner cette bataille, sinon ce ne sera qu'une victoire éphémère. Les hommes de mains, les exécutants, les auteurs des infractions sont dangereux, mais les pires sont les têtes pensantes, les commanditaires ou les auteurs intellectuels. Si on arrête l'auteur d'une infraction, le commanditaire du crime peut toujours continuer son forfait à travers d'autres bras. Dans la majeure partie des cas, ce sont eux qui initient la pensée criminelle. Or, se cachant derrière de solides alibis, ils ne sont ni inquiétés ni poursuivis avec succès. C'est dans ce contexte que le législateur a pensé une autre rubrique de poursuite contre ces hommes ou femmes dangereux par l'étude de la complicité punissable.

b)   Définition du concept

Dalloz définit *" le complice pénal comme celui qui n'apparait pas, l'homme mystérieux ayant commandité un crime"*. [20]

La complicité est la participation indirecte d'un tiers, avec connaissance de cause, à un crime ou un délit commis par un autre individu. Les complices se distinguent des co-auteurs en ce que ceux-ci exécutent personnellement et matériellement les actes constitutifs de l'infraction, tandis que les complices n'y participent qu'indirectement par suggestion, aide ou assistance, autant de faits qui ne sont pas des actes d'exécution. Les complices, en facilitent ou provoquent l'accomplissement. Exemple, celui qui prête à un autre une corde, une échelle, une arme en vue d'exécuter un vol ou un meurtre. Au point de vue de la pénalité, l'article 44 du code pénal confond les complices et les auteurs.

---

[20] *CHARBERT, Benoit & SUR, Pierre-Olivier.- Droit pénal général, Dalloz, 3e édition, Paris, 2008, p 72*

c)   Éléments constitutifs de complicité

Les éléments constitutifs de la complicité punissable par la loi ne peuvent se trouver que dans les faits énumérés dans les articles 44 et 45 du code pénal haïtien.

La doctrine ramène à quatre, les conditions pour qu'il y ait complicité punissable. Il faut :

1)   Qu'il y ait un fait principal punissable
2)   Que le fait soit qualifié de crime ou délit
3)   Qu'il y ait accord de volonté et que la coopération du complice se soit manifestée par un des moyens spécifiés par la loi
4)   Que cette coopération ait été intentionnelle

Même si nous parlons de la complicité, cela ne sous-entend pas que la complicité de tous les degrés de l'infraction soit punissable. En effet, le législateur précise " *les complices d'un crime ou d'un délit …* ". Avec cette précision, la complicité d'une contravention n'est pas punissable. Ainsi, sont seulement punissables, la complicité de crime, la complicité de délit et même la complicité de tentative de crime et la complicité de tentative de délit, quand cette tentative est punissable.

L'article 45 ramène à quatre formes de manifestation de complicité. Elle peut être par :

*   provocation,
*   instruction,
*   fournitures de moyens
*   et aide ou assistance.

II-   CEUX QUI EXCITENT À LA QUERELLE

La Bible aussi n'a pas laissé sous silence ce comportement dangereux de l'homme. Elle condamne pour les mêmes causes du Droit et les co-auteurs et les complices. Voyons un exemple de ce que Dieu dit au sujet des co-auteurs :

" Mon fils, si des pécheurs veulent te séduire, ne te laisse pas gagner. S'ils disent : viens avec nous ! Dressons des embûches, versons du sang, tendons des pièges à celui qui se repose en vain sur son innocence, engloutissons les tout vifs, comme le séjour des morts, et tout entiers, comme ceux qui descendent de la fosse ; nous trouverons toute sorte de bien précieux, nous remplirons de butin nos maisons ; tu auras ta part avec nous, il n'y aura qu'une bourse pour nous tous ! Mon fils, ne te mets pas en chemin avec eux, détourne ton pied de leur sentier ; car leurs pieds courent au mal, et ils ont hâte de répandre le sang". (Proverbes 1 : 10- 16)

Voyons à présent ce que dit la Bible concernant les complices :

" Ne cherche pas querelle à quelqu'un sans raison alors qu'il ne t'a fait aucun mal".
(Proverbes 3 : 30)[21]

---

[21] *Bible d'étude Version semeur 2000*

" L'homme pervers, l'homme inique, marche la fausseté dans la bouche ; il cligne des yeux, parle du pied, fait des signes avec les doigts ; la perversité est dans son cœur, il médite le mal en tout temps, il excite des querelles. Aussi sa ruine arrivera t-elle subitement ; il sera brisé tout d'un coup, et sans remède. Il y a six choses que hait l'Eternel, et même sept qu'il a en horreur ; les yeux hautains, la langue menteuse, les mains qui répandent le sang innocent, le cœur qui médite des projets iniques, les pieds qui se hâtent de courir au mal, le faux témoin qui dit des mensonges, et celui qui excite des querelles entre frères." (Proverbes 6 : 12 – 19)

Imaginez à quel niveau Dieu condamne la complicité. La Bible considère celui qui excite à la querelle comme un homme pervers et inique. L'homme inique est celui qui pratique l'iniquité ou le péché. Ainsi, exciter à la querelle est un péché pour Dieu et ceci au même niveau que l'orgueil, le mensonge, le crime tel que le meurtre et le parjure. Dans le passage ci-dessus, l'auteur a mentionné la complicité implicitement deux fois : *celui qui excite des querelles entre frères*, il s'agit de la complicité par provocation particulièrement ; *le cœur qui médite des projets iniques*, c'est la complicité par l'un des autres moyens spécifiés par la loi soit par instruction, soit par fourniture de moyens, soit par aide ou assistance ou même par provocation. L'essentiel à retenir du texte, c'est que l'Éternel hait ces pratiques. Disons mieux, il les a simplement en horreur.

En effet, la complicité dans le mal ne tire pas son origine de Dieu. C'est la raison pour laquelle Dieu est contre et sanctionne drastiquement tous ceux qui empruntent cette voie. Dans la Bible, le premier exemple de complice est le serpent ancien, lequel dans le jardin d'Eden a provoqué la chute de nos grands parents (Genèse 3 : 1-6). C'est pourquoi, Dieu n'a pas seulement puni Eve et Adam comme respectivement auteure et co-auteur de la désobéissance à sa Parole mais, il a aussi bien prononcé de sanction contre le complice (Genèse 3 : 14, 15). À remarquer que selon l'ordre des sentences prononcées, le complice a reçu en premier sa peine comme étant l'initiateur du mal (Genèse 3 : 14, 15) suivie de la femme comme auteure (Genèse 3 : 16) et enfin Adam le co-auteur (Genèse 3 : 17). De plus, la loi accepte, de part la formulation de l'article 44[22] du code pénal, l'éventualité que le complice puisse être puni plus sévèrement que les auteurs même du crime ou du délit.

III- APPLICATION

La vie du chrétien est caractérisée par l'amour. En aucune manière, l'amour ne cherche le mal de son prochain (1 Corinthiens 13 : 5). Celui qui pousse à commettre l'iniquité est aussi coupable que celui qui la commet. C'est en droit, le principe de la complicité quand on n'est pas le co-auteur. Nous avons vu que Dieu a en horreur les auteurs du mal, les co-auteurs et les complices.

---

[22] *Les complices d'un crime ou d'un délit seront punis de la même peine que les auteurs même de ce crime ou délit sauf dans les cas où la loi en aurait disposé autrement.*

Le concept de la complicité punissable est inventé pour tuer dans l'œuf les pensées criminelles. A partir de la tête pensante, non seulement l'auteur de l'infraction est puni mais il en est de même pour ceux qui l'ont provoqué.

La Bible nous apprend que Dieu a en horreur au même degré les auteurs du mal, les co-auteurs et les complices. Il nous invite à les éviter tous.

V- QUIZ

1- Répondez par vrai ou faux ($1/2$ pt par bonne réponse)
a) Le complice participe directement dans la commission de l'infraction.
b) La complicité de la tentative de délit est toujours punissable.
c) La complicité de la tentative de crime est punissable.
d) La complicité de la contravention n'est pas punissable.
e) La provocation est l'un des moyens spécifiés par la loi en matière de complicité punissable.

2- Utilisez les mots suivants pour compléter les phrases ci-dessous ($1/2$ pt par bonne réponse)

Moyens   pensée   mystérieux   indirecte   complices

a) Dans la majeure partie des cas, ce sont les complices qui initient la .... criminelle.
b) La complicité est la participation .... d'un tiers, avec connaissance de cause, à un crime ou délit commis par un autre individu.
c) Les .... se distinguent des co-auteurs.
d) Que la coopération du complice se soit manifestée par un des .... spécifiés par la loi.
e) Le complice pénal est l'homme .... ayant commandité un crime.

3- Faites correspondre les flèches (1 pt par bonne réponse)

a) commanditaires de crime   1) non punissable
b) complicité de délit   2) auteurs intellectuels
c) aide ou assistance   3) moyen de complicité
d) complicité de contravention   4) punissable
e) soumission   5) n'est pas de la complicité

Résultat : _______/10

FÉLICITATIONS!!!

VI- COMMENTAIRES

1- Quelles étaient vos idées préconçues sur le concept avant la lecture de ce chapitre ?

____
____
____
____
____
____
____
____
____
____
____
____
____

2- Qu'avez-vous appris sur le sujet ?

____
____
____
____
____
____
____
____
____
____
____
____
____
____

3-   Quelles sont vos réflexions personnelles pour vous aider, soit dans l'application soit dans la compréhension de ce thème ?

CHAPITRE VI
DE LA RESPONSABILITÉ

*" Celui donc qui **sait faire** ce qui est bien, et qui ne le fait pas, commet un péché "*
Jacques 4 : 17

I- QUID DE LA NOTION DE RESPONSABILITÉ EN DROIT ?

La responsabilité n'est jamais un jeu. Elle implique de lourdes conséquences. C'est pourquoi le Droit et la Bible en font un sujet d'étude.

a) Définition

Ce concept a divers sens. Dans un premier temps, il est synonyme d'obligation ou de devoir. Demandez quelles sont les responsabilités d'un chef d'État envers son pays, c'est se référer à ses devoirs prévus par la Constitution. Partant de cette signification, la loi traite aux articles 189 et suivants du code civil de la responsabilité parentale. Et en cas d'inobservation ou de faillite à sa responsabilité prise dans le sens d'obligation, s'il survient des préjudices ; un autre sens de la responsabilité proche de la définition juridique viendra en charge.

Dans ce contexte, selon le lexique des termes juridiques, la responsabilité est un concept de droit civil qui implique l'obligation de réparer le préjudice résultant, soit de l'inexécution d'un contrat (responsabilité contractuelle), soit de la violation du devoir général de ne causer aucun dommage à autrui par son fait personnel, ou du fait des choses dont on a la garde, ou du fait des personnes dont on dépend (responsabilité du fait d'autrui[23]). Lorsque la responsabilité n'est pas contractuelle, elle est dite délictuelle ou quasi délictuelle[24].

La responsabilité en général est personnelle, mais elle peut être aussi collective dans certains cas quoique la personnalité des peines exclue la responsabilité collective.
En droit public, on parle de responsabilité pénale[25], de responsabilité pénale du chef d'entreprise[26], de responsabilité pénale de personnes morales[27]. En droit constitutionnel

---

[23] *La responsabilité du fait d'autrui est celle délictuelle que la loi fait peser sur les père et mère du fait de leurs enfants mineurs, sur les commettants du fait de leurs préposés, sur les instituteurs et artisans du fait de leurs élèves et apprentis. À côté de ces cas légaux, la jurisprudence a posé un principe général de la responsabilité à la charge de la personne ou de l'organisme dont le devoir est d'organiser, de diriger et de contrôler l'activité de l'auteur du dommage. (Réf. Lexiques des termes juridiques 17ᵉ édition, Dalloz, 2010, p 632)*

[24] *Idem p 631*

[25] *La responsabilité pénale est l'obligation de répondre de ses actes délictueux en subissant une sanction pénale dans les conditions et selon les formes prescrites par la loi. (ibidem, p 633)*

[26] *La responsabilité pénale du chef d'entreprise est des règles d'incrimination applicable au chef d'entreprise en raison de sa qualité. En droit du travail, outre la responsabilité de droit commun, le chef d'entreprise supporte la*

on parle aussi de la responsabilité politique[28]. Ce concept est transversal et peut être appliqué à presque toutes les matières de droit.

b) Exigences de la notion de responsabilité

Une personne victime ou lésée peut exiger, lors d'un procès en action civile, des réparations pécuniaires de la part de l'auteur des préjudices ou de la personne civilement responsables. Les faits pouvant donner naissance à cette action civile sont : des faits punissables ou une faute. Des faits dommageables ayant une relation directe avec le dommage et les dommages de ces faits doivent résulter des préjudices. En droit, la faute n'est plus aujourd'hui la seule source de responsabilité : il existe une responsabilité fondée sur l'idée de risque.

L'action civile peut être exercée :
1- Directement contre les auteurs de l'infraction et leurs complices ;
2- Contre les personnes civilement responsables ;
3- Contre leurs héritiers qui acceptent la succession.

La personne, lésée par une infraction, a un droit d'option entre les deux juridictions civile et répressive, qui sont également compétentes pour statuer sur son action civile. C'est la règle que formule ainsi l'article 3 du code d'instruction criminelle : " *l'action civile peut être poursuivie en même temps et devant les mêmes juges que l'action publique. Elle peut aussi l'être séparément* ". Mais une fois choisie, une des juridictions, on ne peut plus revenir de la voie criminelle vers la voie civile ou réciproquement selon la règle : electa une via, non datur recursus ad alteram. Il faut noter que le droit d'option de la partie lésée n'existe pas en cas de décès du prévenu et d'amnistie ; le tribunal civil est alors seul compétent.

c) Des délais de prescription

La responsabilité peut être aussi prescrite. Dépendamment de la personne ou de la matière, les délais varient. Voici quelques exemples :

---

responsabilité des infractions aux règles d'hygiène et de sécurité commises dans l'entreprise si elles sont dues à sa faute personnelle. Il ne peut s'en exonérer qu'en démontrant qu'elles se sont produites dans des services dont il avait délégué la direction à des gérants ou préposés investis par lui et pourvus de la compétence de l'autorité et des moyens nécessaires pour veiller efficacement à l'application de la loi. (idem)

[27] *La responsabilité pénale des personnes morales est des règles d'incrimination aux termes desquelles toutes les personnes morales de droit public comme de droit privé à l'exception de l'Etat, à l'image des personnes physiques, ont l'obligation de répondre de leurs actes comme auteurs ou complices, en subissant une sanction pénale, des infractions commises pour leur compte par leurs organes ou représentants. (idem)*

[28] *La responsabilité politique est l'obligation pour le titulaire d'un mandat politique de répondre de son exercice (actes, paroles, écrits) devant celui ou ceux de qui il le tient. C'est le cas de la responsabilité politique du gouvernement devant le Parlement. En régime parlementaire, c'est l'obligation pour le gouvernement de jouir de la confiance du Parlement qui, en la lui refusant, le contraint à démissionner. (idem, p 633, 634)*

Prescription	Délais	Références
de la poursuite en matière de contravention	1 an	* note de cours de droit pénal général
de la poursuite en matière de délit	3 ans	* note de cours de droit pénal général
de la poursuite en matière de crime	10 ans	* note de cours de droit pénal général
de l'application des peines de simple police	2 ans	* note de cours de droit pénal général
de l'application des peines correctionnelles	5 ans	* note de cours de droit pénal général
Prescription de l'application des peines afflictives et/ou infamantes	15 ans	* note de cours de droit pénal général
de la responsabilité du patron pour non paiement de salaire	6 mois	Article 160 du code du travail
L'âge de la majorité pénale	16 ans	article 50 du code pénal
L'âge de la majorité civile	18 ans	article 17 de la constitution
L'âge de la majorité politique	25 ans	Constitution de 1987 [29]
L'âge de la majorité matrimoniale	21 ans F 25 ans H	article 136 du code civil

Les articles 2030 et suivants du code civil traitent aussi d'un ensemble de délai de prescription.

II-   QUID DE LA NOTION DE RESPONSABILITÉ DE LA BIBLE ?

Comme la Bible est la source d'étude de certaines notions du Droit, elle s'est aussi prononcée sur le concept de responsabilité.

a)   Ce que dit la Bible de la responsabilité des leaders/dirigeants

" Cette parole est certaine : si quelqu'un aspire à la charge d'évêque, il désire une œuvre excellente. Il faut donc que l'évêque soit irréprochable, mari d'une seule femme, sobre, modéré, réglé dans sa conduite, hospitalier, propre à l'enseignement. Il faut qu'il ne soit ni adonné au vin, ni violent, mais indulgent, pacifique, désintéressé. Il faut qu'il dirige bien sa propre maison, et qu'il tienne ses enfants dans la soumission et dans une parfaite honnêteté ; car si quelqu'un ne sait pas diriger sa propre maison, comment prendra t-il soin de l'Église de Dieu ? Il faut aussi qu'il reçoive un bon témoignage de ceux du dehors, afin de ne pas tomber dans l'opprobre et dans les pièges du diable.

---

[29] *Articles 65, 70, 79, 91 de la Constitution fixent l'âge minimal de 25 ans pour briguer un poste électif en Haïti.*

Les diacres aussi doivent être honnêtes, éloignés de la duplicité, des excès du vin, d'un gain sordide, conservant le mystère de la foi dans une conscience pure. Qu'on les éprouve d'abord, et qu'ils exercent ensuite leur ministère, s'ils sont sans reproche. Les femmes, de même, doivent être honnêtes, non médisantes, sobres, fidèles en toutes choses. Les diacres doivent être maris d'une seule femme, et diriger bien leurs enfants et leurs propres maisons ; car ceux qui remplissent convenablement leur ministère s'acquièrent un rang honorable, et une grande assurance dans la foi en Jésus-Christ.'' (1 Timothée 3 : 1 – 13)

'' Ce n'est pas pour une bonne action, c'est pour une mauvaise, que les magistrats sont à redouter. Veux-tu ne pas craindre l'autorité ? Fais le bien, et tu auras son approbation. Le magistrat est serviteur de Dieu pour ton bien. Mais si tu fais le mal, crains ; car ce n'est pas en vain qu'il porte l'épée, étant serviteur de Dieu, pour exercer la vengeance et punir celui qui fait le mal.'' (Romains 13 : 3, 4)

'' Je dis : Écoutez, chef de Jacob, et princes de la maison d'Israël ! N'est ce pas à vous à connaître la justice ? Vous haïssez le bien et vous aimez le mal ; vous leur arrachez la peau et la chair de dessus des os. Ils dévorent la chair de mon peuple, lui arrachent la peau, et lui brisent les os ; ils le mettent en pièces comme ce qu'on cuit dans un pot, comme de la viande dans une chaudière. Alors ils crieront vers l'Éternel, mais il ne leur répondra pas ; il leur cachera sa face en ce temps-là, parce qu'ils ont fait de mauvaises choses ''. Michée 3 : 1 – 4

Précisons quelques principes de direction ou de responsabilités bibliques des leaders. Ils doivent :

Exercer la justice	Michée 3 : 1 – 3
Vivre une vie exemplaire[30]	1 Timothée 4 :12 ; 1 Pierre 5 : 3
Servir le peuple	Mathieu 20 : 26 ; Luc 22 : 26 ; 1 Pierre 5 : 2
Gouverner de manière diligente	Romains 12 : 8

---

[30] *La presse américaine a reporté qu'une élue démocrate de Californie, Katie Hill, accusée d'avoir eu une relation sexuelle avec un membre de son personnel en violation des règles de la Chambre des représentants, a annoncé dimanche (27 octobre 2019) qu'elle démissionnait.*
'' C'est avec un cœur brisé que j'annonce aujourd'hui ma démission du Congrès'', a déclaré Katie Hill dans une lettre qu'elle a publiée sur Twitter. '' C'est la chose la plus difficile que j'aie jamais eu à faire, mais je crois que c'est la meilleure chose pour mes électeurs, pour ma communauté et pour mon pays'' a-t-elle écrit.
La commission d'éthique de la Chambre des représentants avait annoncé mercredi qu'elle enquêtait sur des informations parues dans les medias selon lesquelles Katie Hill, qui est en train de divorcer de son mari, '' pourrait avoir eu une relation sexuelle avec une personne de son équipe''.
Katie Hill a reconnu selon la presse une relation sexuelle avec une personne qui faisait partie de son équipe de campagne mais a déclaré que cette relation avait pris fin avant qu'elle ne prenne ses nouvelles fonctions au Congrès.
Dans un communiqué publié après l'annonce de Katie Hill, la présidente de la Chambre des représentants, la démocrate Nancy Pelosi, a déclaré que l'élue avait '' reconnu des erreurs de jugement qui rendent impossible la poursuite de son activité'' au Congrès. '' Nous devons assurer un climat d'intégrité et de dignité au Congrès et dans tous les lieux de travail'', a ajouté madame Pelosi. (Texte tiré du site loophaiti.com en date du 20 octobre 2019)

Un dirigeant qui aurait manqué à ses devoirs ou est cause de déshonneur doit tirer sa révérence. Tous les politiciens qui respectent leur peuple le font. C'est une culture du respect que la société doit enseigner.

b) Ce que dit la Bible de la responsabilité des nouveaux convertis

" Il ne faut pas qu'il soit un nouveau converti, de peur qu'enflé d'orgueil il ne tombe sous le jugement du diable." (1 Timothée 3 : 6)

Il est de principe qu'on ne confie pas de responsabilité à un novice.

c) Ce que dit la Bible de la responsabilité familiale

" Si quelqu'un n'a pas soin des siens, et principalement de ceux de sa famille, il a renié la foi, et il est pire qu'un infidèle." (1 Timothée 5 : 8)

" Femmes, soyez soumises à vos maris, comme il convient dans le Seigneur. Maris, aimez vos femmes, et ne vous aigrissez pas contre elles. Enfants, obéissez en toutes choses à vos parents, car cela est agréable dans le Seigneur. Pères, n'irritez pas vos enfants, de peur qu'ils ne se découragent. Serviteurs, obéissez en toutes choses à vos maîtres selon la chair, non pas seulement sous leurs yeux, comme pour plaire aux hommes, mais avec simplicité de cœur, dans la crainte du Seigneur. Tout ce que vous faites, faites le de bon cœur, comme pour le Seigneur et non pour des hommes, sachant que vous recevrez du Seigneur l'héritage pour votre récompense. Servez Christ, le Seigneur. Car celui qui agit injustement recevra selon son injustice, et il n'y a point d'acception de personnes. Maîtres, accordez à vos serviteurs ce qui est juste et équitable, sachant que vous aussi vous avez un maître dans le ciel." (Colossiens 3 : 18 – 4 : 1)

Les mêmes devoirs domestiques ont été repris par Paul dans Ephésiens 5 : 22 – 6 : 1- 9

Précisions quant à présent quelques principes de responsabilité de la famille selon la Bible :

- **Le père est le chef de la famille (Exode 6 : 14) et de la femme (Ephésiens 5 : 8)**

Son devoir comme chef est :

➢ d'aimer sa femme	Ephésiens 5 : 25 – 33 ; 1 Pierre 3 : 17
➢ de superviser la pratique religieuse de la famille	Genèse 35 : 1 – 7 ; Exode 12 : 3 ; 1 Samuel 1 : 21
➢ de superviser l'éducation des enfants	2 Corinthiens 12 : 14 ; Colossiens 3 : 21

- **Le rôle de la mère, comme aide du père (Genèse 2 : 18)**

➢ soumettre à son mari	Ephésiens 5 : 24, 1 Pierre 3 : 1 – 6
➢ participer à l'éducation des enfants	Proverbes 1 : 8 ; 6 : 20
➢ jouer un rôle important dans les foyers	1 Samuel 1 : 9-28 ; Proverbes 31 : 10-31 ; 2 Timothée 1 :5

- **La place des enfants qui sont une bénédiction de Dieu   (Psaumes 127 : 3-5)**
  - ils doivent honorer leurs parents   Exode 20 : 12 ; Lévitique 19 : 3
  - doivent obéir aux parents   Deutéronome 21 : 18-21 ; Éphésiens 6 : 1-3 ;
                                                 Colossiens 3 : 20

d)   Ce que dit la Bible de la responsabilité des fautifs

" L'âme qui pèche, celle qui mourra." (Ezéchiel 18 : 4)

III- LES SIMILITUDES DE LA BIBLE ET DU DROIT EN MATIÈRE DE RESPONSABILITÉ

Nous voulons mettre une emphase particulière sur la réparation des préjudices, la responsabilité collective et celle des faits d'autrui.

a)   De la réparation des préjudices

Qu'il s'agisse de la Bible ou du Droit, la notion de responsabilité requiert à la base un comportement punissable ou une faute causant de préjudice. Tout bon comportement mérite d'être récompensé, mais tout mauvais comportement entraîne la responsabilité de l'auteur.

b)   De la responsabilité collective

En Droit une personne peut être tenue responsable en raison de son appartenance à un groupe, suite aux agissements délictueux de ce groupe. Selon la Bible, Dieu nous exhorte à prendre nos responsabilités pour éviter d'être victimes de la responsabilité collective. Voici les enseignements de Dieu à ce sujet :

" Heureux l'homme qui ne marchent pas selon le conseil des méchants, qui ne s'arrête pas sur la voie des pécheurs, et qui ne s'assied pas en compagnie des moqueurs… C'est pourquoi les méchants ne résistent pas au jour du jugement, ni les pécheurs dans l'assemblée des justes ; car l'Éternel connaît la voie des justes, et la voie des pécheurs mène à la ruine "
(Psaumes 1 : 1, 5, 6)

L'histoire de la révolte de Koré, Dathan et Abiram illustre aussi la responsabilité collective. Un groupe de trois hommes se sont révoltés contre Moise, implicitement, contre le choix de Dieu. Pour cela, Dieu les a non seulement punis, mais aussi leur famille et tous ceux qui ont adhéré pendant ou après, à leur révolte. (Nombres 16).

Pour éviter d'être victime d'une responsabilité collective il faut, soit sortir du milieu d'eux (2 Corinthiens 6 : 17 ; Nombres 16 : 20 – 27), soit prendre sa responsabilité pour dénoncer ou corriger. Le prophète Daniel, pour éviter de subir les conséquences de la responsabilité collective de la négligence du peuple en exil, a prié et confessé les péchés du peuple et les siens (Daniel 9 : 1 - 19). Esdras a agi de la sorte après le retour de la captivité (Esdras 9 et 10) et sans oublier Néhémie, en apprenant l'état du délabrement des murailles de Jérusalem et de l'opprobre que cela occasionnait à toute la nation. (Néhémie 1).

c)   De la responsabilité des faits d'autrui

Dieu a sanctionné le sacrificateur Eli, non pas à cause de ses propres mauvaises actions, mais pour celles de ses enfants (1 Samuel 2:12-17) en se faisant leur complice, pour n'avoir pas agi fermement contre eux (1 Samuel 2 : 22–36).

IV-   APPLICATION

Dans la vie, on a tous une responsabilité en termes d'obligations. Notre manquement au devoir préjudicie, même sans le vouloir, à la collectivité d'où doit être engagée notre responsabilité, soit en réparant la faute, soit en assumant les conséquences. Toute société respectueuse de la loi exige la culture du respect et de l'honneur de ses dirigeants. Il appartient aux responsables de prêcher par l'exemple, car *la femme de Jules César doit être au dessus de tout soupçon.*

V-   À RETENIR

Selon le lexique des termes juridiques, la responsabilité est un concept de droit civil qui implique l'obligation de réparer le préjudice résultant, soit de l'inexécution d'un contrat, soit de la violation du devoir général de ne causer aucun dommage à autrui par son fait personnel, ou du fait des choses dont on a la garde, ou du fait des personnes dont on dépend.

La Bible enseigne dans Jacques 4 : 17 que '' Celui donc qui sait faire ce qui est bien, et qui ne le fait pas, commet un péché ''

VI-   QUIZ

1-   Répondez par vrai ou faux ($1/2$ pt par bonne réponse)

a)   La responsabilité est aussi synonyme d'obligation ou de devoir.

b)   La responsabilité est seulement et toujours personnelle.

c)   Les personnes morales peuvent être aussi responsables pénalement.

d)   La faute n'est plus aujourd'hui la seule source de responsabilité.

e)   La majorité pénale est de dix-huit ans en Haïti.

2-   Utilisez les mots suivants pour compléter les phrases ci-dessous ($1/2$ pt par bonne réponse)

Politique   juridictions   réparer   contractuelle   majorité

a) Lorsque la responsabilité n'est pas ...., elle est dite délictuelle ou quasi délictuelle.

b) La responsabilité implique l'obligation de .... le préjudice.

c) La responsabilité .... est l'obligation de répondre auprès des citoyens de l'exercice de son mandat.

d) L'âge de la .... politique est de vingt-cinq ans selon la Constitution.

e) La personne lésée par une infraction a un droit d'option entre les deux .... civile et répressive.

3- Faites correspondre les flèches (1 pt par bonne réponse)

a) responsabilité   1) un membre pour le groupe
b) responsabilité pénale   2) parent pour mineur
c) responsabilité collective   3) confiance du peuple
d) responsabilité de fait d'autrui   4) devoir
e) responsabilité politique   5) répondre de ses actes délictueux

Résultat : ______/10

FÉLICITATIONS!!!

VII- COMMENTAIRES

1- Quelles étaient vos idées préconçues sur le concept avant la lecture de ce chapitre ?

2- Qu'avez-vous appris sur le sujet ?

3- Quelles sont vos réflexions personnelles pour vous aider, soit dans l'application soit dans la compréhension de ce thème ?

PARTIE II
LE DROIT PRIVÉ ET LA BIBLE

Le Droit est réparti en des normes d'ordre privé ou public. Dans la première catégorie, la vie, le mode de fonctionnement et d'acquisition de richesses du citoyen sont priorisés. La Bible ne laisse pas sous silence ces points non plus.

Dans cette deuxième partie de l'ouvrage, la Bible expliquera les grands concepts du droit civil en trois chapitres.

CHAPITRE VII
LA PROPRIÉTÉ, L'USUFRUIT ET LES JACHÈRES EN MILIEU RURAL

*" Sachez que l'Éternel est Dieu ! C'est lui qui nous a faits, et nous lui **appartenons** ; nous sommes son peuple, et le troupeau de son pâturage "* Psaumes 100 : 4

I-   DE LA PROPRIÉTÉ

Pour devenir propriétaire, les gens sont prêts à tout. Ce droit est source de richesses. C'est pourquoi le législateur a pris le soin d'en légiférer.

a) Quid du concept?

Par définition, le concept propriété entend, le fait de posséder en propre le droit de jouir et de disposer de biens. C'est un droit réel qui est à la base de garantie judiciaire en tant que source de richesses.

Comment devient-on propriétaire légalement ? On le devient par :
- Achat[31]
- Succession[32]
- Donation[33]
- Prescription acquisitive[34]

Une fois devenu propriétaire, on possède sur le bien, meuble ou immeuble, trois droits :
- Usus, le droit d'utiliser la chose
- Fructus, le droit de profiter de la chose pécuniairement
- Abusus, le droit de disposer de la chose à sa convenance

b) Différentes qualités de l'occupant d'une propriété

Un occupant d'une propriété peut l'être de plusieurs manières ou selon des statuts juridiques différents. Il peut l'occuper à titre de maître ou en ayant une possession précaire.
À titre de maître, soit comme *propriétaire* soit comme *possesseur accapareur*
À titre de possession précaire; comme *gérant, fermier, locataire, colon partiaire, usufruitier.*
À noter que quand on a une possession précaire, on ne pourra jamais prescrire.

---

[31] *Articles 1367 et suivants du code civil*
[32] *Articles 578 et suivants du code civil*
[33] *Articles 723 et suivants du code civil*
[34] *Articles 2033 et suivants du code civil*

c) Quelques principes en matière de vente ou d'achat d'immeuble

La vente d'immeuble est un acte juridique auquel la loi accorde une attention particulière, car il s'agit de transfert de biens et de richesses.

Voyons succinctement quelques principes essentiels :

1- Sur les biens des mineurs

La vente de biens de mineurs est interdite sinon la reddition de compte est de droit.

La vente de biens de mineurs est interdite par la loi, sauf en cas de nécessité et pour cela, une procédure particulière est tracée. Le mineur devenu majeur dans ce cas, peut réclamer une reddition de compte auprès de son mauvais tuteur.

2- Sur les biens indivis

L'article 674 du code civil énonce que : *"Nul ne peut être contraint à demeurer dans l'indivision."* Vous pouvez réclamer et obtenir du tribunal votre propre lot successoral. Il est conseillé à un acheteur de ne pas acheter des biens indivis s'il ne connaît pas tous les héritiers, car n'importe lequel peut devenir une entrave à la vente. Il y a une procédure spéciale pour la vente de biens indivis. Il faut obligatoirement un acte de notoriété dressé, par un notaire ou un juge de paix, pour indiquer les héritiers de la succession.

Quand les héritiers sont trop nombreux, ils peuvent donner mandat à l'un d'entre eux ou à une tierce personne pour agir en leur nom. Les mandants sont responsables des actes de leurs mandataires. Mais si un héritier n'a pas donné de mandat, il n'est pas concerné par la transaction du mandataire. Il peut à lui seul, s'opposer à la transaction des autres.

3- Transactions notariées recommandées

La mission du notaire est de faire l'étude du dossier au préalable pour s'assurer de sa régularité. Puis, il devra enregistrer son acte à la D.G.I. Ce sont des formalités essentielles dont la violation peut vous nuire dans le futur et même vous faire perdre votre procès. Aucun acte notarié ne peut être dressé sur une propriété grevée d'hypothèque tandis que la vente sous seing privé est possible. Dans ce cas, l'acheteur qui a mal acheté peut payer deux fois ou perdre tout bonnement son argent mal investi.

L'acheteur a un délai pour pouvoir se défendre seul. Il est de dix (10) ans pour la petite prescription en cas de vente notariée ou vingt (20) ans pour la grande en cas de vente sous seing privée. Le notaire est tenu de retracer l'historicité de la propriété. Cette partie de l'acte de vente est importante en cas de conflit terrien, cela peut sauver l'acheteur qui est tenu de se référer à son vendeur qui, lui, doit garantir la vente quand le délai de la prescription n'est pas encore épuisé. S'il ne le fait pas et qu'il lui arrive de perdre le procès ; il ne peut se tourner contre son garant.

II-   QUID DE L'USUFRUIT

L'usufruit, c'est la jouissance légale d'un bien dont on n'a pas la propriété. En Haïti, nous pratiquons généralement l'usufruit en dehors de la loi. C'est pourquoi, malgré cette bonne volonté du bienfaiteur, il peut être victime de la part de son bénéficiaire mal intentionné. Pour éviter tout risque, la loi impose des conditions pour que l'usufruit soit légal et protégé, lesquelles sont : l'usufruit doit être gratuit et fait par acte notarié.

Dans l'usufruit, il y a deux acteurs : un bénéficiaire qui est appelé usufruitier et le bienfaiteur qui est le propriétaire. Que bénéficie donc l'usufruitier ? Comme le nom l'indique, il bénéficie de l'usus et du fructus alors que le propriétaire conserve l'abusus. D'ailleurs, c'est l'abusus qui lui permet de céder les deux premiers droits. Ceci dit, quelqu'un ne peut valablement céder en usufruit, une propriété dont il n'est pas le propriétaire, sinon cette transaction est nulle et de nullité absolue.

III-   QUID DES JACHÈRES ?

Jachère, par définition, est l'état d'une terre labourable qu'on laisse temporairement reposer. D'où l'expression, laisser quelqu'un en jachère, c'est le laisser en repos.

Son origine remonte à la parole de Dieu (Lévitique 25 : 1-7) qui avait ordonné au peuple d'Israël un temps de repos pour la terre à chaque septième année, dont la sanction a été prévue dans Lévitique 26 : 34, 35 et l'exécution lors de l'occupation d'Israël par l'armée assyrienne[35] en 722 av. J.C.

Il y a deux types de jachères : nues et couvertes. La première est interdite pour tout terrain en déclive. Pour la seconde, lorsqu'elle est pratiquée, elle peut donner lieu à l'action en dévastation de champ si les éleveurs y viennent amarrer leurs animaux sans l'autorisation du propriétaire.

IV-   APPLICATION

Nous allons faire ressortir à travers ce point trois grandes portées de leçons spirituelles respectivement sur la propriété, l'usufruit et les jachères qui sont nos thèmes d'étude pour ce chapitre.

a) Portée spirituelle de la leçon sur la propriété

Spirituellement, Dieu le père est le notaire, c'est lui qui vérifie la régularité des transactions de notre vie en notre faveur. Il nous est recommandé de le consulter en tout point. Ne prenez pas le risque de passer un acte juridique sous seing privé (quand vous prenez votre propre décision seule sans consulter Dieu et avoir son avis) Sinon vous risquerez de travailler en vain. Car il y a des

---

[35]En 722 av. J.C. le roi assyrien Salmanassar V assiégea la capitale Samarie qui capitula. Toute la population fut déportée et remplacée par des étrangers.

propriétés qui sont grevées d'hypothèque ou des zones qui sont déclarée '' zone d'utilité publique'', vous ne les connaissez pas toutes.

Concernant la demande de garant. Jésus est notre garant pour être le propriétaire de tout, car tout a été créé par la Parole (Gen. 1 : 1-3) qui est Jésus (Jean 1 : 1-18). Satan se réclame pour être le propriétaire depuis après la chute de l'homme, car Adam et Eve lui ont remis la domination sur la terre (Luc 4 : 5-7). Son droit de propriété aussi usurpé qu'il soit, (Romains 6 : 16) est plus ancien que le nôtre qui remonte à partir de notre venu sur cette terre. Pour ne pas perdre ce procès, nous devons faire appel à Jésus, le véritable propriétaire qui lui-même a le droit sur tout depuis la création et ce, avant la chute. Non seulement son droit est plus ancien que celui de Satan, mais il est le créateur par là même, le point de départ de tout. En aucune manière, Satan ne pourra trouver quelqu'un d'autre pour faire remonter l'origine de son droit au plus ancien que celui de Jésus. Un possesseur par trouble ne pourra jamais remonter à l'origine. Il n'a pas de point de départ certain.

Jésus a un dernier secret contre Satan, l'usurpateur. Adam n'était pas propriétaire, mais un mandataire ou un gardien (Gen 1 : 26, 28 ; 2 : 15). À ce titre, il ne peut donner que ce qu'il a. Or, dans son mandat, Dieu ne lui a pas remis la terre en propriété. Il devait tout simplement la gérer et en prendre domination. Quand vient le véritable propriétaire, il fera savoir à Satan qu'il n'est propriétaire de rien, car sa tromperie ne lui a pas donné pour autant la propriété de la terre. Il a volé seulement le droit de domination que détenaient Adam et Eve. Mais Dieu détient la propriété. C'est pourquoi la Parole de Dieu a dit que le monde entier est sous la puissance ou la domination du malin. Il n'a pas dit que le monde entier appartient à Satan, vu qu'Adam n'était pas propriétaire, il n'avait que le droit de domination sur la terre.

On peut perdre son droit sur une bénédiction de Dieu si on ne la réclame pas. Elle devient prescrite. Si jamais on constate que les promesses de Dieu tardent à s'accomplir dans notre vie, il faut les réclamer et persister devant le trône. C'était le cas de Caleb, sinon il perdrait, par la prescription, son droit de propriété en Israël (Josué 14 : 6- 15 : 20). Ce principe est juridique et biblique, la prescription acquisitive. Le fait de laisser son adversaire en possession paisible de son bien est un signe traduisant l'idée qu'on renonce à la jouissance de son droit.

b) Portée spirituelle de la leçon sur l'usufruit

De la même manière qu'on peut être de bonne foi en accomplissant un bien, mais si on ne le fait pas selon la loi, on risque d'en être la victime (cas des mauvaises pratiques de l'usufruit en Haïti). Il en est de même spirituellement. Notre bonne foi n'est pas une excuse pour violer les principes de Dieu, sinon on peut le payer cher. Uzza peut nous en dire long suite à son expérience mortelle dans le transport de l'arche en Israël (2 Samuel 6 : 1- 8)

c) Portée spirituelle de la leçon sur les jachères

Dans la vie du chrétien, il doit y avoir une période de repli ou de ressourcement spirituel. Il est recommandé à tout chrétien de consacrer du temps pour aller auprès de Dieu et se ressourcer. Car au retour, on pourra être plus puissant (Exode 34 : 29-35)[36], plus performant et plus productif comme c'est le cas pour les arbres après l'observation des jachères. En droit commercial, c'est la période des inventaires. En comptabilité, c'est l'étape du bilan. En marketing ou planification, c'est l'étape de l'élaboration de nouvelle stratégie. À la différence des autres domaines, où c'est à l'homme qu'il revient, en fonction de ses études, de développer de nouvelles approches ; mais spirituellement, l'homme doit s'adresser à Dieu afin de réviser ses approches tout en lui donnant la provision spirituelle nécessaire.

V- À RETENIR

Les trois thèmes d'étude : de la propriété, de l'usufruit et des jachères sont des droits réels qui sont à la base de garantie judiciaire en tant que source de richesses. C'est pourquoi, la loi les réglemente rigoureusement pour protéger les citoyens. Cependant, cette protection de la loi est conditionnée au respect des exigences de formes et de fond par le concerné.

Il en est de même selon la Bible qui, elle aussi, fait ressortir des leçons spirituelles respectives sur la propriété, l'usufruit et les jachères.

VI- QUIZ

1- Répondez par vrai ou faux (1/2 pt par bonne réponse)

a) La prescription acquisitive est l'un des moyens de devenir propriétaire sur un immeuble.

b) L'usufruitier possède l'abusus du bien qu'il jouit en usufruit.

c) Il y a deux types de jachères nue et couverte.

d) La loi interdit en principe sauf exception la vente de biens de mineurs.

e) Les mandants ne sont pas responsables des actes de leurs mandataires

2- Utilisez les mots suivants pour compléter les phrases ci-dessous (1/2 pt par bonne réponse)

Propriétaire   jachères   indivision   prescrire   hypothèque

a) Quand on a une possession précaire, on ne pourra jamais ....

b) Aucun acte notarié ne peut être dressé sur une propriété grevée d'................

c) Les .... nues sont interdites pour tout terrain en déclive

---

[36] *Moïse descendit de la montagne de Sinaï, ayant les deux tables du témoignage dans sa main, en descendant de la montagne ; et il ne savait pas que la peau de son visage rayonnait, parce qu'il avait parlé avec l'Eternel ... (Exode 34 : 29)*

d)   L'usus, le fructus et l'abusus sont les trois droits que possède un .... sur ses biens.

e)   Nul n'est obligé de rester dans l'.....................

3- Faites correspondre les flèches (1 pt par bonne réponse)

a) décide sur un dossier   1) Notaire
b) étude de dossier de vente   2) Propriétaire
c) possession précaire   3) Juge
d) possesseur accapareur   4) Usurpateur
e) à titre de maitre   5) Usufruitier

Résultat : _______/10

FÉLICITATIONS!!!

VII- COMMENTAIRES

1-   Quelles étaient vos idées préconçues sur le concept avant la lecture de ce chapitre ?

____
____
____
____
____

Qu'avez-vous appris sur le sujet ?

____
____
____
____
____

2-   Quelles sont vos réflexions personnelles pour vous aider, soit dans l'application soit dans la compréhension de ce thème ?

____
____
____
____
____

CHAPITRE VIII
LA FILIATION ET LA SUCCESSION

*" Mais à tous ceux qui l'ont reçue, à ceux qui croient en son nom, elle a donné le pouvoir de devenir **enfants** de Dieu, lesquels sont nés, non du sang, ni de la volonté de la chair, ni de la volonté de l'homme, mais de Dieu"* Jean 1 : 12, 13

I-   QUID DE LA FILIATION?

Tout homme censé travaille dans le but de préparer son bien-être et celui de sa postérité. La loi, consciente de cette nécessité, établit des règles pour mieux gérer ce domaine en faveur des enfants.

a) Définition du concept

Par définition, la filiation est le lien de parenté unissant l'enfant à son père, à sa mère. Le dictionnaire juridique la désigne comme le rapport de famille qui lie un individu à une ou plusieurs personnes dont il est issu. Ceci se rapporte à la famille au sens restreint : père, mère et enfants.

b) Les différents types de filiation

Ce lien de parenté ou de filiation peut être :

- *Légitime*, c'est dans le cadre du mariage. En ce sens, la loi reconnait pour père de l'enfant le mari de sa mère. C'est la règle de *pater is es* (article 293 C.C). En conséquence, l'enfant légitime porte le nom du mari de sa mère.

- *Naturel*, dans ce cas les parents ne sont ni mariés ni sous le coup d'aucun mariage. L'enfant naturel porte le nom soit de son père s'il est reconnu par ce dernier, soit de sa mère en cas contraire.

Le décret du 27 janvier 1959 a consacré l'égalité des enfants naturels et des enfants légitimes.

- *Adoptif*, c'est, en droit de la famille, donner à quelqu'un le rang et les droits de fils ou de fille. Autrement dit, l'adoption est une institution par laquelle un lien de famille ou de filiation est créé entre l'adopté, généralement un enfant et le ou les adoptants, son/ses nouveaux parents qui ne sont pas ses parents de naissance. Cet enfant porte le nom de son adoptant.

N.B : L'article 306 du Code civil interdisait les enfants incestueux ou adultérins de jouir la reconnaissance de leur père et en conséquence d'en tirer profit. La Cour de Cassation avait rendu un arrêt le 11 avril 1986 pour dire qu'« *il est de règle qu'aucune reconnaissance ne pourra avoir lieu au profit des enfants nés d'un commerce incestueux ou adultérins. De ce fait, ils ne peuvent prétendre à la succession* ». Mais récemment, la loi sur la paternité responsable a résolu ce problème considéré par plus d'un comme une violation au droit des enfants de cette catégorie. De nos jours, tout enfant peut être reconnu et hérité de son père.

c) Obligations découlant de la filiation

Qu'il s'agisse de l'une ou de l'autre catégorie, tous les enfants ont des obligations d'ordre moral et légal envers leurs parents. Au regard de l'article 314 du code civil : « *l'enfant à tout âge doit honneur et respect à ses père et mère* ».

II- QUID DE LA SUCCESSION?

Après avoir présenté succinctement la filiation, nous devons jeter un regard de droit sur le concept succession. N'est ce pas vrai que *tout redi nap redi se pou pitit nou* ?

a) C'est quoi la succession

La succession, dite aussi patrimoine successoral est le nom donné à l'ensemble des biens, des droits et des actions qui appartenaient au défunt à la date de son décès et dont les divers éléments le composant, reviennent aux personnes appelées à hériter. Cette définition tient compte du contenu, mais celle qui suit se penchera de préférence sur le processus.

Le mot désigne aussi le mécanisme juridique par lequel s'opère tant activement que passivement le transfert de ces droits, du patrimoine du défunt à celui de ceux qui en héritent.

Cette dernière définition nous permet de comprendre qu'une succession peut être positive (active) ou négative (passive). Dans ce dernier cas, la loi permet à l'héritier de faire appel à l'exception dilatoire pour se soustraire des obligations de la succession.

b) Quand est-elle déclarée ouverte ?

Toutes les définitions sont unanimes à reconnaître que la succession est ouverte à la mort de celui qui la lègue.[37]

c) Qui sont considérés comme les héritiers du de cujus ?

Autre synonyme au concept de succession est héritage. Et le bénéficiaire est appelé héritier. La loi détermine à l'avance qui peut être considéré comme tel. Mais avant, il faut comprendre le sens des concepts '' lignes directes '' et ''ligne collatérale ''.

---

[37] *Article 578 du code civil*

Ligne directe :

A

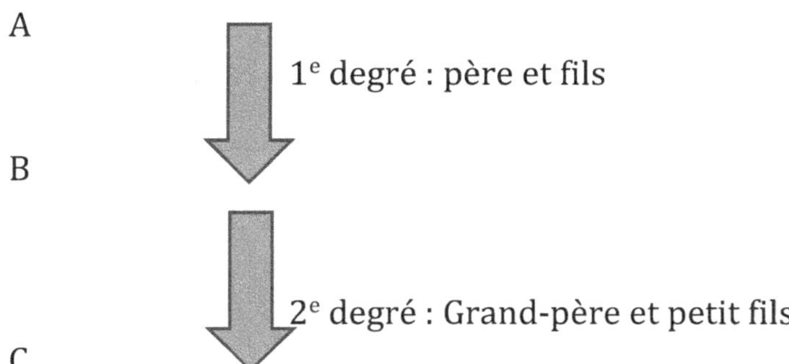

1e degré : père et fils

B

2e degré : Grand-père et petit fils

C

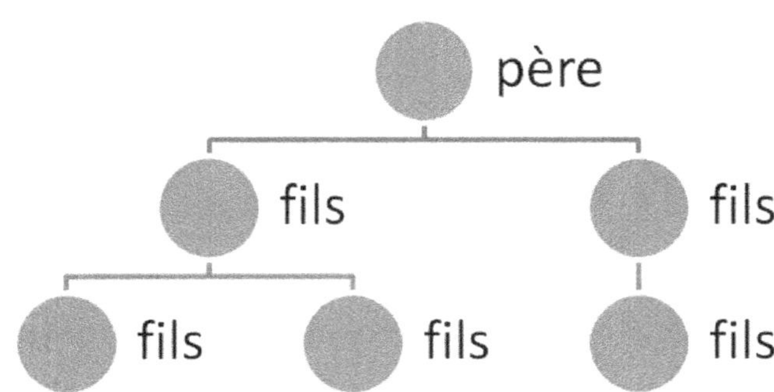

Ligne collatérale

Du père au fils	: 1e degré de la ligne directe
Entre les frères et sœurs	: 2e degré de la ligne collatérale
Entre oncle et neveu	: 3e degré de la ligne collatérale
Entre cousin et cousine	: 4e degré de la ligne collatérale

Les héritiers par ordre sont :

Les enfants	: 1e degré de la ligne directe descendante à part égale
Père et mère	: 1e degré de la ligne directe ascendante à part égale
Les frères et sœurs	: 2e degré de la ligne collatérale à part égale
Les oncles et les tantes	: 3e degré de la ligne collatérale à part égale
Les cousins et cousines	: 4e degré de la ligne collatérale à part égale
L'État	: en cas d'absence des 5 premières catégories

N.B : la femme mariée ou le mari n'est pas héritier de son/sa conjoint (e).

d) Comment doit être fait le partage ?

Une fois que la succession est ouverte et qu'on connait qui sont les héritiers, comment arriver au partage ?

1-   Différence entre communauté et succession

Il faut préciser que si la femme mariée ou le mari n'est pas héritier, mais dépendamment de leur régime matrimonial, ils partagent en commun une communauté. Dans ce cas, à la mort d'un conjoint, la communauté est brisée d'abord, le partage vient ensuite.

Exemple : Le couple Philistin possède 1 terrain de 6 carreaux, 2 maisons d'habitation de valeur égale de US $ 240,000 et 3 comptes en banques dont 2 épargnes soit 540,000 gourdes et US $ 72,000 enfin un compte courant de US $ 30,000. À identifier le lot de la succession à partager avec les 3 enfants du couple à la mort du père.

Étapes
1-   À identifier le régime matrimonial
2-   À distinguer la communauté de la succession
3-   À attribuer la part de la communauté au conjoint survivant
4-   À identifier les héritiers du de cujus
5-   À attribuer la part de la succession aux héritiers

Exercices
1- À résoudre ce cas d'espèce en tenant compte d'un régime de communauté légale
2- Qu'en est-il s'il s'agissait du régime de la séparation de biens et que tous ces biens appartenaient au mari décédé ?
3- Qu'en est-il si les deux parents sont décédés ensemble et il s'agissait d'une communauté légale ?

N.B : Il y a lieu aussi de distinguer les frères consanguins c'est-à-dire ceux de même père et les frères utérins ou de même mère. Cette distinction est souvent utile dans le partage de la succession.

4- Et dans le cas où toute la famille périt le même jour, comment déterminer le partage de la succession ? Qui succède à qui ? La situation étant père, mère, 3 enfants âgés respectivement 22 ans, 17 ans et 8 ans. Dans ce cas, c'est la théorie des comourants qui sera d'application.

2-   Théorie des comourants

Les articles 580 à 582 du code civil établissent le principe.

III-   EXCEPTIONS À LA NOTION DE SUCCESSION

a) Les fils déclarés indignes (article 588 à 590 C.C)

Est-ce que le fils de l'indigne peut venir en représentation à la succession de son grand père ? Non mais il peut venir à la succession de son propre chef (art. 591 C.C)

b) Les héritiers décédés avant le grand parent

Selon l'interprétation stricte de l'article 585 du C.C, un héritier qui est décédé avant l'ouverture d'une succession n'a aucune part à cet héritage, car il a cessé d'exister. Toutefois, d'autres avocats se miseront sur les articles 599 et suivants traitant de la représentation, pour admettre que oui, les héritiers décédés avant l'ouverture de la succession conservent leur souche dans le partage par la représentation.

La représentation a lieu à l'infini dans la ligne directe descendante. En ligne collatérale, elle est admise en faveur des enfants et descendants des frères ou sœurs du défunt, soit qu'ils viennent à la succession concurremment avec des oncles ou tantes, soit que tous les frères et sœurs du défunt étant prédécédés, la succession se trouve dévolue à leurs descendants en degrés égaux ou inégaux.

c) La quotité disponible

En cas de libéralités ou don, celles-ci ne pourront excéder la quotité disponible selon l'article 741 du C.C. l'article 742 la fixe ainsi : *«Les libéralités par testament ne pourront excéder la moitié des biens du disposant, si ce dernier ne laisse à son décès qu'un enfant légitime ou naturel ; le tiers, s'il laisse deux enfants légitimes ou naturels ; le quart, s'il en laisse trois ou un plus grand nombre »*

« Les libéralités par testament, ne pourront excéder la moitié des biens, si, à défaut d'enfants, le défunt laisse un ou plusieurs ascendants dans chacune des lignes paternelle et maternelle, et les trois quarts, s'il ne laisse d'ascendants que dans une ligne »

IV- APPLICATION

Les païens ont l'habitude de répéter qu'ils sont aussi des enfants de Dieu. Seul Jésus est Fils de Dieu et ceci légitimement. Dieu n'a pas de fils naturel. En ce sens, nous sommes tous des créatures de Dieu. La seule relation filiale de l'homme avec Dieu est par l'adoption et ceci en Jésus-Christ. C'est pourquoi, dans Jean 1 :12, la Parole de Dieu nous apprend : « *À tous ceux qui l'ont reçue, elle a donné le pouvoir de devenir enfant de Dieu* ». La Bible nous enseigne que nous ne sommes pas nés enfants de Dieu, mais nous le devenons. Cela sous-entend qu'avant cette transformation, nous avions eu un autre statut qui est celui de créature de Dieu.[38]

Maintenant, si on est enfant par adoption, nous avons des obligations envers notre Père céleste. La loi le reconnaît, lesquelles sont l'honneur et le respect. Agissons-nous de manière à prouver notre respect et honneur envers Dieu, notre Père ?

---

[38] *Dieu créa l'homme à son image, il le créa à l'image de Dieu, il créa l'homme et la femme. (Genèse 1 : 27)*

Respect, c'est dans notre relation directe avec Dieu. Est-ce que nous lui obéissons, par exemple ? Alors que l'honneur est la façon dont nous nous comportons en société comme enfant de Dieu. Faisons-nous honneur à Dieu devant les hommes ? Comment nous portons les autres à penser de notre Dieu le Père ? Êtes-vous fier de lui ou non?

V-   À RETENIR

La filiation est le lien de parenté unissant l'enfant à son père et à sa mère. Tous les enfants ont l'obligation d'honneur et de respect envers leurs parents.

VI-   QUIZ

1-   Répondez par vrai ou faux (1/2 pt par bonne réponse)
a)   La famille au sens large comprend seulement le père, la mère et les enfants.
b)   L'enfant légitime porte le nom de son père.
c)   Les enfants incestueux ou adultérins ne peuvent hériter leur père de nos jours.
d)   La succession est ouverte à la mort de celui qui la lègue.
e)   La femme mariée ou le mari n'est pas héritier de son conjoint.

2-   Utilisez les mots suivants pour compléter les phrases ci-dessous (1/2 pt par bonne réponse)

Filiation   succession   égalité   partage   honneur

a)   La .... est le lien de parenté unissant l'enfant à son père, à sa mère.
b)   La loi sur la paternité responsable a consacré l'............................ de tous les enfants.
c)   Les enfants doivent .... et respect à leurs parents.
d)   Une .... peut être positive ou négative.
e)   A la mort d'un conjoint, la communauté est brisée d'abord ensuite vient le ....

3- Faites correspondre les flèches (1 pt par bonne réponse)
a) enfant légitime   1) avoir de nouveaux parents
b) succession   2) lien du mariage
c) exception dilatoire   3) patrimoine
d) adoption   4) ligne collatérale
e) oncle et neveu   5) succession négative

Résultat : _______/10

FÉLICITATIONS!!!

VII- COMMENTAIRES

1-   Quelles étaient vos idées préconçues sur le concept avant la lecture de ce chapitre ?

____
____
____
____
____
____
____
____
____
____
____
____
____

2-   Qu'avez-vous appris sur le sujet ?

____
____
____
____
____
____
____
____
____
____
____
____

3-   Quelles sont vos réflexions personnelles pour vous aider, soit dans l'application
      soit dans la compréhension de ce thème ?

____

____

____

____

____

____

____

____

____

____

____

____

____

CHAPITRE IX

LE MARIAGE ET SA PORTÉE JURIDIQUE

*" Que le **mariage** soit honoré de tous, et le lit conjugal exempt de souillure, car Dieu jugera les impudiques et les adultères".* Hébreux 13: 4

I-   QUID DU MARIAGE?

La première institution créée selon les Écritures Saintes fut le mariage et son but fut la procréation. Plus tard, l'homme à travers sa culture et ses lois apporteront des modifications au sens premier du mariage, au point de le réduire seulement en un acte juridique.

a) Définition du concept

Les théologiens se basent sur le premier chapitre du livre de genèse au verset vingt-huit et sur le dix-neuvième chapitre de l'évangile de Mathieu au verset six (Mathieu 19 : 6) pour définir le mariage comme suit : *C'est un sacrément par lequel deux personnes de sexes différents s'unissent en vue de la procréation en une société perpétuelle.*

Dans son sens juridique, le feu Me Grégoire Eugene définit le mariage dans son manuel de droit civil, comme *l'union de deux personnes de sexes différents, réalisée avec une certaine solennité*. Dieu merci, jusqu'à présent en Haïti, le mariage est toujours défini légalement comme tel.

Du fait que le pays est laïc, nous pouvons nous inspirer des deux sources de définitions pour en former une qui soit : *l'union sacrée de deux personnes de sexes différents dans le but de procréer.*

Par union sacrée, Haïti conserve la portée de sacrement du mariage alors que dans d'autres sociétés, on fait du mariage qu'un simple contrat humain. Une fois considéré comme tel, tout peut être négocié dans le mariage.

- C'est le cas de deux personnes qui se marient, mais qui ont décidé de ne pas avoir d'enfant. En cas de grossesse et que l'un d'eux veut garder l'enfant, le divorce est de droit.

- On peut aussi décider si ce contrat sera fait pour une durée illimitée ou une durée déterminée à l'avance. Il y a déjà des commentaires qui ont été émis en ce sens. Ainsi, dans le cas d'un mariage d'une durée de cinq ans, à la cinquième année, le mariage sera dissout de par lui-même.

- On peut même négocier une période d'essai avant le mariage s'il s'agit d'un simple contrat. Dans ce cas, on vit maritalement sur le même toit pendant la période d'essai fixée par les parties. Si tout va bien, on se marie mais si les violons n'arrivent pas à s'accorder, alors, on laisse tomber ce projet de mariage.

Le fait en Haïti de reconnaître le mariage entre deux personnes cela sous-entend que :

1- Une personne et un animal ne peuvent pas se marier en Haïti. En Allemagne, un facteur du nom Uwe Mitzcherlich a épousé sa chatte en mai 2010 après 10 ans de vie commune et avant la mort de celle-ci qui était malade. Il a dit que l'animal était plus fidèle que la femme[39].

2- Un être humain ne peut pas se marier valablement selon la loi avec un esprit (loa). C'est pourquoi, il est recommandé aux officiants de rencontrer les futurs époux et de les questionner. Il est bruit que dans le temps, des esprits s'incarnaient sous forme humaine et ont fait procéder à de mariage civil sous la complicité du conjoint humain.

Pour que le mariage soit reconnu valable, il faut qu'il soit contracté par deux personnes *de sexes différents*. Le mariage homosexuel n'est pas légal en Haïti. Il y a eu des tentatives pour légaliser cette pratique dans le pays ou même pour contourner légalement les difficultés juridiques. C'est le cas d'une tentative d'un couple homo dont l'un d'eux est un français qui vit dans le pays qui a voulu faire leur mariage au consulat de France en Haïti, selon la législation française, comme étant un territoire étranger qui accepte ce genre de mariage par la suite pour exiger à l'État haïtien de reconnaître ce mariage selon le droit international en vertu du principe de droit international ; le lieu régit l'action (lochi regi actum).

Enfin, l'idée de *sexes différents* permet aussi au mariage de réaliser son but. En effet, on se marie en Haïti pour fonder une famille en mettant au monde des enfants. C'était là l'esprit du législateur en 1835. Ainsi donc, une femme qui ne pouvait enfanter était mal perçue dans notre société à cette époque là. De plus, si le mariage n'arrive pas à être consommé, le mariage était nul et de nullité relative.

---

[39]*En Europe particulièrement, les pays n'autorisent pas le mariage d'humain et d'animal mais acceptent la zoophilie. Ils pouvaient vivre ensemble maritalement sur un même toit. Danemark a interdit cette pratique le mardi 21 avril 2015. Cette loi est entrée en vigueur le 1ᵉ juillet 2015. Suède l'a abrogée le 1ᵉ janvier 2014 et a puni cette pratique d'amende et/ou de 2 ans au plus de prison. Allemagne a fait autant en décembre 2012 et puni d'une amende de 25,000 euros. Belgique l'a éliminé en 2007. Royaume-Uni (Angleterre) en 2003 et la France en 1971 l'a punie d'une amende de 30,000 euros et de 2 ans de prison. Pour la Suisse la peine est de 3 ans de prison. Mais jusqu'à présent, la Hongrie, la Roumanie, la Finlande sont trois pays européens où la zoophilie est encore légale. Le Japon exerce aussi cette pratique.*

b) Conditions pour contracter le mariage

Le futur couple qui veut contracter mariage doit remplir certaines conditions sur la forme. La violation de ces exigences entraîne la nullité relative de leur mariage. Elles sont au nombre de trois :

1- Le sexe

Cette condition est tellement importante que la loi n'en avait même pas parlé. Il s'agit du sexe différent des conjoints. Il est des cas exceptionnels où la différenciation de sexe n'est pas suffisamment caractérisée. Dans l'ancien droit, une procédure, qui nous parait aujourd'hui un peu osée, était employée pour contrôler la différence des sexes. C'était une assemblée d'hommes, lorsqu'il s'agissait d'un homme et de femmes lorsqu'il s'agissait d'une femme qui devait s'assurer que le candidat au mariage remplissait toutes les conditions sur le plan anatomique. Ces pratiques ont disparu. Le mariage exige que les époux soient de sexes différents, cela est nécessaire. L'impossibilité d'avoir des enfants n'est pas considérée comme un défaut de sexe.

2- La sanité d'esprit (Art. 134 C.C)

Quelqu'un qui n'est pas lucide ne peut donner valablement son consentement. Un fou ne peut se marier mais s'il se marie, la nullité pourra être réclamée avant trois mois de cohabitation du moment que l'époux a acquis sa pleine liberté ou connaissance (art. 167 du C.C) Cet article est aussi valable en cas d'erreur de personne.

3- L'âge (la puberté/ la majorité matrimoniale) (art. 136 C.C)

Le consentement des parents. Cette nullité se prescrit sur un intervalle d'une année après la connaissance du fait. (art. 169 du C.C)

c) Causes prohibitives au mariage

À côté des trois conditions pour contracter le mariage, la loi interdit et ceci de nullité absolue, un mariage qui serait réalisé dans les circonstances suivantes, appelées causes prohibitives. Elles sont au nombre de trois :
1- L'inceste[40] (Art. 149 et 150 C.C)
2- La bigamie[41] (arts. 135 C.C, 174 du C.C)
3- Le délai de viduité[42] (art. 213 du C.C)

---

[40] *C'est le fait d'épouser un proche parent. La loi détermine jusqu'à quel degré de parenté qu'un mariage soit possible et ne sera considéré comme inceste.*

[41] *Le fait de contracter un second mariage alors que les liens du premier ne sont pas encore dissouts.*

[42] *La femme divorcée qui veut se remarier ou la veuve doit attendre dix mois avant de le faire pour éviter toute confusion en cas ou elle serait enceinte au moment du divorce ou de la mort de son conjoint.*

d) Exigences du célébrant pour réaliser le mariage

La loi ne donne pas une liste exhaustive, ainsi, certaines églises ajoutent quelques-unes en fonctions de l'évolution de la société. Parmi les exigences faites aux futurs époux et au célébrant, nous citons :

1- Les pièces d'identité des futurs conjoints et de leur acte de naissance pour vérifier leur âge.

2- Un certificat prénuptial de l'Institut de Bien Être Social et de Recherche (IBESR) communément appelé 3 BB en conformité à l'article 1e de la loi du 12 septembre 1961, créant le certificat prénuptial.

3- La publication qui doit être faite à deux reprises, à huit jours d'intervalle, un jour de dimanche ce, pour faciliter au public d'être informé du projet et de le contester éventuellement (art 63 C.C). Cette publication se fera dans la commune de résidence des futurs conjoints au cours des six derniers mois (art. 152 C.C)

4- Un résultat de test VIH exigé par certaines églises.

e) Obligations qui découlent du mariage

Au regard des articles 189 et 196 du code civil, les époux contractent ensemble, par le fait seul du mariage, l'obligation de nourrir, entretenir et élever leurs enfants. Les époux se doivent mutuellement fidélité, secours, assistance. L'article 1e du décret du 8 octobre 1982 a ajouté la vie commune comme devoir réciproque des époux. Ceci renforce le principe que le toit conjugal est celui du mari.

II- PORTÉE FINANCIÈRE DU MARIAGE : CONTRAT DE MARIAGE OU RÉGIMES MATRIMONIAUX

Si le mariage, pour certains est un sacrement, donc on s'y lance pour respecter la volonté de Dieu. Si pour d'autres, c'est un contrat ; dans quelle que soit la catégorie à laquelle on se rattache, le mariage entraîne des implications sur votre finance automatiquement, après sa célébration.

Le législateur a compris cela et a permis aux époux de décider de la manière dont ils veulent impliquer leur fortune dans le mariage. Techniquement, cela s'appelle régime matrimonial. Pour cela, il faut, avant le mariage, aller signer un contrat de mariage devant un notaire. En Haïti, quand on ne choisit pas, la loi vous impose d'office le régime de la communauté légale. Chez nous, il y a trois régimes qui sont pratiqués :

- le régime de la communauté légale (arts. 1185 à1281 du C.C)
- le régime de la séparation de biens (art. 1321 à 1324 du C.C)
- le régime dotal (arts. 1325 à 1366 du C.C)

Il faut préciser que même pour le régime de la communauté, la loi permet huit modifications selon les futurs époux (arts. 1282 à 1313 du C.C). On prend en exemple la clause d'ameublement ou la communauté réduite aux acquêts ou une communauté avec des parts inégales des époux.

III- APPLICATION

L'amour de l'homme est intéressé, c'est pourquoi il se couvre de protections. Et quand il ne le fait pas, il se risque certaines fois. Aux États-Unis par exemple, on a enregistré beaucoup de cas d'assassinat entre couple dont le motif est de bénéficier la prime d'assurance.

Selon des recherches effectuées toujours aux États Unis dont le pasteur Gregory Toussaint du Tabernacle de Gloire de Miami a fait état dans l'un de ses messages au mois d'août 2018, la première cause de divorce est l'argent, non pas l'infidélité.

Si l'amour de l'homme est intéressé, car il y a toujours un '' parce que '' à justifier le sentiment d'une personne pour une autre, il n'en demeure pas moins que, l'amour de Dieu pour l'humanité est désintéressé. Personne jusqu'à présent n'arrive à comprendre pourquoi Dieu aime l'homme au point d'offrir Jésus son Fils en sacrifice à sa place[43]. Malgré l'ingratitude de l'homme, Dieu se risque à l'infini constamment pour nous aimer. C'est en ce sens, il nous donne tout et le meilleur de lui. Ceci peut être assimilé à une clause d'ameublement dans le régime de la communauté. Par amour de Dieu pour l'humanité, l'homme est plus que vainqueur par rapport à Dieu lui-même qui est le vainqueur (Romains 8 : 37).

Même les choses les plus sacrées, quand l'homme les prend en charge sans Dieu, il peut les pervertir sous l'influence de l'ennemi. Ainsi, le sacré n'est pas l'évènement ou l'activité, mais la présence de Dieu ou le fait d'être dans sa volonté. Sinon, on risque d'être dans le sacrilège sans le vouloir ou par ignorance. C'est le cas d'un faux prophète qui peut donner l'apparence d'être dans le sacré, mais, en aucune manière, ne peut garantir la présence de Dieu dans ses actions même si des miracles se produisent. C'est pourquoi, le chrétien ne doit pas être aveuglé spirituellement.

L'application de la sanité d'esprit exige que le chrétien, avant de prendre une décision importante qui va engager sa vie, doit consulter Dieu, car lui seul connaît effectivement le cœur de l'homme ou de la femme (Esaïe 30 :1)[44]

---

[43] *À peine mourrait-on pour un juste ; quelqu'un peut-être mourrait-il pour un homme de bien. Mais Dieu prouve son amour envers nous, en ce que, lorsque nous étions encore des pécheurs, Christ est mort pour nous. (Romains 5 : 7, 8)*

[44] *Malheur, dit l'Eternel, aux enfants rebelles, qui prennent des résolutions sans moi, et qui font des alliances sans ma volonté, pour accumuler péché sur péché! (Esaïe 30 :1)*

IV-   À RETENIR

> *Le mariage est l'union sacrée de deux personnes de sexe différent dans le but de procréer. Quel que soit le mobil du mariage contracté, il entraîne des implications sur sa finance automatiquement après sa célébration.*

V-   QUIZ

1-   Répondez par vrai ou faux ($1/2$ pt par bonne réponse)

a)   Un mariage non consommé est une cause de nullité absolue.

b)   Un fou ne peut se marier mais peut se marier.

c)   La bigamie entraîne la nullité absolue du second mariage.

d)   La publication n'est pas importante dans la célébration du mariage.

e)   Les époux se doivent mutuellement fidélité, secours et assistance

2-   Utilisez les mots suivants pour compléter les phrases ci-dessous ($1/2$ pt par bonne réponse)

Publication   inceste   défaut   contrat de mariage   majorité

a)   L'impossibilité d'avoir des enfants n'est pas considérée comme un ……….. de sexe.

b)   A 25 ans pour l'homme et 21 ans pour la fille, ils ont atteint l'âge de leur ……………. matrimoniale.

c)   Un père ne peut épouser sa fille ce, en vertu de l'……………… qui est l'une des causes prohibitives au mariage

d)   L'une des exigences du célébrant du mariage est la ………………..

e)   Pour tout choix de régime matrimonial autre que la communauté légale, il faut signer un ……………………. avant même la célébration.

3- Faites correspondre les flèches (1 pt par bonne réponse)

a) Le lieu régit l'action est un principe de   1) consentement des parents

b) régime dotal   2) notaire

c) A défaut de la majorité matrimoniale, il faut le   3) communauté légale

d) Autorité pour rédiger un contrat de mariage   4) portée financière du mariage

e) Le régime imposé quand il n'y a pas de choix   5) Droit international

Résultat : _______/10

FÉLICITATIONS!!!

VI- COMMENTAIRES

1-   Quelles étaient vos idées préconçues sur le concept avant la lecture de ce chapitre ?

2-   Qu'avez-vous appris sur le sujet ?

3- Quelles sont vos réflexions personnelles pour vous aider, soit dans l'application soit dans la compréhension de ce thème ?

____

____

____

____

____

____

____

____

____

____

____

____

____

____

PARTIE III
LE DROIT PUBLIC ET LA BIBLE

Le Droit public s'occupe des affaires de l'ordre public. Il est plus contraignant que le droit privé, car le plus souvent ses principes sont rigoureux du fait qu'ils défendent les intérêts de la collectivité par le biais de l'État.

Dans cette troisième partie de l'ouvrage, la Bible expliquera les grands concepts du droit public en sept chapitres.

CHAPITRE X
LE PRINCIPE DE L'AUTORITÉ SELON LA LOI ET LA BIBLE

*" Que toute personne soit soumise aux **autorités** supérieures ; car il n'y a point d'autorité qui ne vienne de Dieu, et les **autorités** qui exercent ont été instituées de Dieu "* Romains 13: 1

I-   LE CONCEPT DE L'AUTORITÉ

Le Dr. Jean Héder Petit Frère a énuméré trois types d'autorité dans son livre " Comprendre l'autorité "[45]. Il s'agit de l'autorité ecclésiastique, politique et familiale. Quel que soit le type d'autorité, doit-on avoir peur d'elle ? C'est quoi l'autorité ? Quand reconnaître qu'elle est bien exercée ou comment découvrir ses différentes formes ? Autant de questions que nous allons tenter de répondre à travers les trois points qui suivent.

a) Un des éléments constitutifs essentiels de l'État

L'État est une notion relativement récente, puisqu'elle apparaît au XVIe siècle, avec notamment les écrits de l'italien Nicolas Machiavel (Le Prince, 1515) et du français Jean Bodin (Les six livres de la République, 1576). Elle succède aux notions classiques de Cité et de République pour désigner l'organisation politique des rapports sociaux.[46]

Dans un sens restreint, l'État peut être une personne morale. En effet, d'après Duverger, il est le titulaire abstrait et permanent du pouvoir politique dont les gouvernants ne sont que des agents d'exercice essentiellement passagers. Un pays ne pourrait vivre sans un gouvernement. On aura toujours besoin de gouvernants et de gouvernés. *L'État demeure, les gouvernants passent.* Il y a une sorte de constante dans l'État. Une société ne peut exister sans les réalités historiques.

Au sens large, prenons un groupe d'hommes ayant les mêmes aspirations, les mêmes intérêts, le même objectif, les mêmes mœurs, la même culture et parlant la même langue. Si les hommes possèdent une portion de terre bien délimitée, leur appartenant en propre, on a une nation mais pas encore un État. Mais lorsque les hommes vivant sur leurs portions de terre choisissent un chef, ont une autorité à laquelle ils obéissent, on a un État. Pour Raymond Carré de Malberg, l'État est une communauté d'hommes, fixée sur un territoire et possédant une organisation d'où résulte pour le groupe envisagé dans ses rapports avec ses membres une puissance supérieure d'action, de commandement et de coercition.[47]Alors au sens large, l'existence de l'État suppose la réunion de trois éléments biens distincts : un élément matériel ou géographique qui est un territoire ; un élément humain ou social qui est une population ; un élément politique qui est la puissance

[45] PETIT FRERE, Jean Héder.- Comprendre l'autorité, 1e édition, éditions Kingdom production, 2018, p 132- 140
[46] TURK, Pauline.- Principes Fondamentaux de Droit Constitutionnel, 7e Edition, éditions extenso, 2014, p 22
[47] Türk, Pauline.- ibidem, p 23

publique. Cette dernière est un chef ou une autorité auquel ou à laquelle tout le monde obéit ou doit obéir, c'est le gouvernement. L'État n'est autre que la nation organisée. À côté de ces trois éléments, se rattache également la notion de la souveraineté.

Le troisième élément permet d'unifier la collectivité, composée d'une multitude d'individus, en formant une personne morale, l'État, qui sera incarnée par des institutions gouvernementales et administratives, appelées pouvoirs publics. L'État préexiste et perdure aux personnes physiques qui le composent et aux gouvernants qui le personnifient, ce qui permet d'assurer sa continuité. Il est souverain, ce qui signifie qu'il est la source du droit applicable sur son territoire et qu'il est indépendant par rapport aux autres États sur le plan international.

Ce troisième élément, abstrait, est le plus difficile à appréhender. Il a reçu des dénominations variées et il a fait l'objet de différentes interprétations. Appelé pouvoir institutionnalisé, puissance d'État, souveraineté, autorité publique, voire plus simplement pouvoir politique. Il est, en outre, étroitement lié à l'idée de nation.[48]

b) Rôles de l'autorité

Parler de rôles de l'autorité, c'est de voir aussi les missions régaliennes de l'État. Les constitutionnalistes appellent "fonctions régaliennes de l'État" les grandes fonctions souveraines qui fondent l'existence même de l'État et qui ne font, en principe, l'objet d'aucune délégation. Elles sont aussi appelées "prérogatives régaliennes" et sont liées à la notion de "souveraineté". L'analyse du concept de souveraineté fait généralement émerger quatre « fonctions régaliennes » (mais les économistes libéraux contestent la quatrième) : *assurer la sécurité extérieure par la diplomatie et la défense du territoire, assurer la sécurité intérieure et le maintien de l'ordre public avec, notamment, des forces de police, définir le droit et rendre la justice, définir la souveraineté économique et financière par l'émission de monnaie.* La notion de "sécurité" est au centre des prérogatives régaliennes. En effet, la fonction première de l'État étant de garantir les conditions de la vie en société. Cette notion a connu une extension récente en France du fait de l'introduction du "principe de précaution" dans la Constitution. On considère donc maintenant que relèvent de la sécurité la protection contre les risques majeurs, la sécurité environnementale et la sécurité sanitaire.

Sur le plan international, c'est aux agents qui jouissent de l'autorité qu'il revient la charge de représenter la population. Sur le plan national, le pouvoir de diriger le peuple revient aussi à l'autorité étatique. Outre le territoire et la population, l'État est caractérisé par l'existence d'une puissance publique, c'est-à-dire d'une organisation juridico-politique

---

[48] *ibidem*

dotée d'un pouvoir de contrainte et de coercition. Cette puissance publique, source de l'ordre juridique qui s'impose à la population sur le territoire de l'État, détient le monopole du recours à la force publique. Donc, on peut ajouter aux missions régaliennes de l'État, la représentation, la direction et la sanction.

L'État exerce bien son autorité quand il cherche exclusivement le bien être de ses gouvernés, à travers de solides programmes d'éducation[49], de santé[50], de sécurité et de justice lesquels champs sont un service public national.

c) Différents régimes d'autorité politique

L'État peut exercer son autorité sous différentes structures politiques. En droit constitutionnel, on cite parmi les différents régimes d'autorité politique : la monarchie, la royauté, l'empire, l'aristocratie, la tyrannie, la dictature et la démocratie[51]. Quel que soit le régime, la mission régalienne de l'État n'a pas changé, encore moins les services publics nationaux. Cependant, le représentant de l'État peut, en dehors du bien-être de sa population, se fixer d'autres intérêts.

II- DE LA SÉPARATION DES POUVOIRS

Si le pouvoir est utile et même très utile à un État, mais il peut être aussi désastreux pour un peuple, dépendamment de l'usage fait par son détenteur. L'exercice doit être réglementé, même si cela n'empêche nullement certaines dérogations.

a) De l'exercice de l'autorité

Pour arriver au pouvoir et l'exercer, dépendamment de la structure politique adoptée par l'État, on peut faire appel à l'hérédité ou passer par la voie des urnes. La monarchie ou la royauté accorde le pouvoir généralement par la voie de l'hérédité. Le monarque ou le roi hérite le pouvoir et le transmet selon la lignée familiale. C'est comme une succession de pouvoirs divins. Tandis que les pays qui sont dits démocratiques, transmettent le pouvoir républicain par les élections. Le peuple choisit ses représentants lors des joutes électorales. L'élu détient donc un mandat ayant une durée déterminée au préalable, mais et surtout des missions à accomplir, en vertu d'une promesse électorale. Le mandataire (élu) est redevable envers ses mandants (électeurs) à qui il doit rendre compte de sa mission pour bénéficier de sa confiance.

---

[49] *L'éducation est considérée comme un élément important du développement des personnes.*

[50] *La santé est un état de complet bien-être physique, mental et social, et ne consiste pas seulement en une absence de maladie ou d'infirmité. Cette définition est inscrite au préambule de 1946 à la Constitution de l'Organisation mondiale de la santé (OMS). Cette définition de l'OMS n'a pas été modifiée depuis 1946. Elle implique que tous les besoins fondamentaux de la personne soient satisfaits, qu'ils soient affectifs, sanitaires, nutritionnels, sociaux ou culturels et du stade de l'embryon (voire des gamètes) à celui de la personne âgée.*

[51] *Voir annexe 6 Les différents régimes d'autorité politiques, p 171*

Il y a aussi une autre forme d'exercice de l'autorité. Celle-ci peut survenir de l'hérédité tout comme à la suite d'une élection, mais le désir de conserver le pouvoir, l'oriente vers la dictature, la tyrannie. Ce régime est le contraire de la démocratie. C'est pourquoi, pour s'implanter et gagner du terrain, le plus souvent il fait appel à l'usage de la force. Dans des cas exceptionnels, on trouve des dictateurs progressistes qui recherchent le bien-être de son peuple.

b) Les dérogations à l'exercice conventionnel de l'autorité

Les coups de force est un renversement violent des pouvoirs publics et établis par un homme ou un groupe d'hommes suivant un plan méthodiquement préétabli.

Il y a coup d'État, quand le pouvoir est pris par une minorité grâce à des moyens non constitutionnels, imposée par la surprise et utilisant la force. Les auteurs de coup d'Etat s'appuient en général sur tout ou une partie de l'armée et bénéficient du soutien d'au moins une partie de la classe politique et de la société civile.

Lorsque le renversement violent du pouvoir établi est réalisé par un militaire appuyé par l'armée toute entière, le coup porte le nom pronunciamiento. On distingue deux sortes de pronunciamiento : le cuartelazo et le putsch.

Le cuartelazo *: lorsque le coup est réalisé par l'armée toute entière ou un corps national et qu'après avoir renversé le pouvoir, les militaires restent dans leurs casernes.*

Le putsch *: lorsque le coup est réalisé par l'armée toute entière et qu'après avoir renversé le pouvoir, les militaires accaparent ce pouvoir, le coup porte le nom de putsch. Les militaires ou les policiers sont alors des putschistes.*[52]

III- SIMILITUDES DES PRINCIPES DE LA BIBLE ET DU DROIT AU SUJET DE L'AUTORITÉ

Dr. Jean Héder Petit Frère a écrit dans son livre Comprendre l'autorité : " *De quelque façon que l'on puisse percevoir l'idée de l'autorité, elle laisse toujours pressentir une certaine légitimité. À la base, cette notion de légitimité renvoie à la provenance de l'autorité et à la véritable raison pour laquelle elle avait été conçue. L'autorité, dit-on, existe en vue d'assurer le respect de la loi. Or la loi, au regard de tous les hommes, est de prime abord perçue comme étant un élément contraignant, un objet qui nous prive de toute liberté. En conséquence, l'idée de l'autorité interpelle tout bonnement des dérivés tels que la puissance, le pouvoir, l'Etat, etc.*" [53]

---

[52] *Voir notes de cours de droit constitutionnel de l'EDSEG*
[53] *PETIT FRERE, Jean Héder.- idem, p 22*

a) La séparation des 3 pouvoirs et la royauté

L'État peut répartir ses responsabilités en trois grandes fonctions appelées pouvoirs : exécutif, législatif et judiciaire. Dans un système démocratique, Montesquieu a compris qu'il faut séparer ces trois pouvoirs pour éviter qu'une autorité ne s'en abuse. D'où le fameux principe de la séparation de pouvoirs. Toutefois, cette exigence est valable seulement dans un régime démocratique où la vraie autorité est le peuple qui est le mandant non les représentants éphémères qui ne sont que les mandataires du peuple. Contrairement à la démocratie, dans une royauté, le roi concentre sur sa personne les trois pouvoirs. Il peut, dépendamment de la structure des institutions, déléguer des fonctions à ses sujets.

Tout comme dans la Bible, du point de vue de l'exercice humain de l'autorité en Israël, Dieu a distingué la fonction de roi, de prophète et de sacrificateur. *Le roi symbolise le pouvoir exécutif.* Cependant, Dieu ne lui parlait pas directement (2 Chroniques 34 : 19 - 28) et il ne pouvait présenter des sacrifices (exemple du roi Ozias qui a été frappé de lèpre parce qu'il voulait jouer aussi un jour le rôle du sacrificateur 2 Chroniques 26 : 16 - 23). *Le prophète symbolisait le pouvoir législatif* en édictant les lois, en prononçant les paroles de Dieu (2 Chroniques 21 : 12). *Le sacrificateur symbolisait le pouvoir judiciaire* pour être celui qui est habilité à faire connaître la sentence (Deutéronome 17 : 9). C'est à lui qu'il revenait aussi la tâche d'appliquer les lois cérémonielles. C'est le principe de la séparation de pouvoir. Toutefois, qu'il s'agisse de roi, de prophète et de sacrificateur, ces trois fonctions sont regroupées théologiquement en la personne de Jésus. C'est pourquoi, les évangiles présentent toujours Jésus-Christ comme un roi non comme un président. Lui et ses disciples prêchaient l'évangile du royaume (Matthieu 4 : 23 ; 9 :35 ; 10 :7). *L'Éternel est notre juge, l'Éternel est notre législateur, l'Éternel est notre roi. C'est Lui qui nous sauve* (Esaïe 33 :22)

b) La force publique contraignante

L'État détient le monopole de la force publique. Il est appelé à en faire usage en cas de nécessité. La Bible le reconnaît aussi. Paul a écrit " *... ce n'est pas en vain que le magistrat porte l'épée...* " (Romains 13 : 4). La Bible admet que l'autorité puisse faire usage de sa force publique contraignante, mais en vue d'*exercer la vengeance et de punir celui qui fait le mal, les malfaiteurs. Son rôle est d'approuver les gens de bien* (1 Pierre 2 : 14). À chaque fois qu'une autorité agit autrement, elle s'écarte de sa mission divine.

c) La soumission du peuple à l'autorité

Nous avons vu que dans le sens de Dieu et de la loi, une autorité est établie pour rechercher le bien-être de ses dirigés. Une fois que le choix du peuple est fait sur la personne qui doit occuper la fonction, Dieu l'approuve, car le système de l'autorité a été institué par Dieu. Dans ce cas, les gouvernés lui doivent soumission (Romains 13 : 1). Ce concept ici est synonyme de collaboration, non pas à un homme, mais au système. Par exemple, les citoyens doivent payer des taxes et impôts pour permettre aux représentants de l'État de trouver de moyens nécessaires pour faire fonctionner le pays. Donc, le peuple doit se soumettre aux lois fiscales.

Un peuple ou un chrétien peut-il se rebeller contre une autorité du fait qu'elle vient de Dieu ? Premièrement, on doit se demander dans quel régime politique évolue cette autorité ? Dans une monarchie ou un royaume, le peuple n'a aucun droit de décision. Le roi est souverain. Cependant dans le cas d'une république qui est supposée démocratique, la bonne question à se poser est la suivante, un peuple ou un chrétien peut-il se rebeller contre une mauvaise autorité ? Si l'argent des taxes et impôts est utilisé à des fins contraires au bien-être de la collectivité, le peuple que doit-il faire ? Quelle serait l'importance biblique de la lutte contre la corruption ? La soumission est le devoir du peuple mais la recherche du bien-être est son droit. Les deux sont corollaires. Il n'y a pas de devoir sans droit et le droit est fait pour être réclamé ou exigé au cas où il serait négligé ou refusé.

Au nom du mandat, tout mandant peut questionner et remettre en question la gestion de son mandataire, soit à l'expiration du terme, soit avant, dépendamment de la gravité des faits, pour la violation du contenu du mandat. Qui avait choisi Saül pour devenir roi en Israël (1 Samuel 9 : 27 – 10 : 1, 22 - 24) ? Et qui l'a rejeté peu de temps après (1 Samuel 16 : 1) ? Pourquoi, Dieu l'avait rejeté ? N'est ce pas parce que Saül n'avait pas respecté la mission à lui confier (1 Samuel 15 : 1-3, 7-11, 16-26) ? Après la mort de Josué et avant l'époque des rois, Dieu avait l'habitude de susciter des juges pour se rebeller contre les dominations qui exploitaient Israël son peuple.

#	Juges	Autorité d'en face	Période	Références
1	Othniel	Cuschan-Rischeathaim, roi de Mésopotamie	Après 8 ans d'asservissement	Juges 3 : 7 – 11
2	Ehud	Eglon, roi de Moab	Après 18 ans d'asservissement	Juges 3 : 12 – 30
3	Deborah	Jabin, roi de Canaan	Après 20 ans d'oppression	Juges 4
4	Gédéon	Les madians	Après 7 ans d'exploitation	Juges 6, 7
5	Jephthé	Philistins et Ammon	Après 18 ans d'oppression	Juges 10 : 6 – 11 : 1-33
6	Samson	Philistins	Après 40 ans d'asservissement	Juges 13 - 16

IV- APPLICATION

Tout représentant de l'État dans un système démocratique est un mandataire dont la vraie autorité est le peuple, le mandant. L'élu détient donc un mandat ayant une durée déterminée au préalable, mais et surtout des missions à accomplir en vertu d'une promesse électorale. Le mandataire (élu) est redevable envers ses mandants (électeurs) à qui il doit rendre compte de sa mission pour bénéficier de sa confiance.

Pour la bonne marche du pays, une fois la confiance est établie, les gouvernés doivent soumission à l'autorité, non pas dans le sens de fanatisme, mais à l'idée de collaboration au système permettant à cette personne d'atteindre son objectif pour le bien-être de tous.

V- À RETENIR

> *L'État peut répartir ses responsabilités en trois grandes fonctions appelées pouvoirs : exécutif, législatif et judiciaire. Dans un régime démocratique, la vraie autorité est le peuple qui est le mandant, non les représentants éphémères qui ne sont que les mandataires du peuple.*
> *L'État exerce bien son autorité quand il cherche exclusivement le bien être de ses gouvernés à travers de solides programmes d'éducation, de santé, de sécurité et de justice lesquels champs sont un service public national.*

VI- QUIZ

1- Répondez par vrai ou faux ($_{1/2}$ pt par bonne réponse)

a)   La nation et l'État sont deux concepts égaux.

b)   L'État exerce bien son autorité quand il cherche le bien être de ses sympathisants.

c)   La notion de l'État succède aux notions classiques de Cité et de République.

d)   Les autorités ont la mission de diriger le peuple.

e)   Quand les militaires réalisent un coup mais restent dans leurs casernes sans s'accaparer du pouvoir, cela s'appelle putsch.

2-   Utilisez les mots suivants pour compléter les phrases ci-dessous ($_{1/2}$ pt par bonne réponse)

   État   peuple   autorité   restreint   pouvoir

a) Dans un sens ...., l'État peut être une personne morale.

b) L'............... n'est autre que la nation organisée.

c) Sur le plan international, c'est aux agents qui jouissent de l'.................... qu'il revient la charge de représenter la population.

d) Les pays qui sont dits démocratiques, transmettent le .... républicain via les élections

e) Dans un régime démocratique, la vraie autorité est le .... qui est le mandant non les représentants éphémères qui ne sont que des mandataires.

3- Faites correspondre les flèches (1 pt par bonne réponse)

a) voie de l'hérédité   1) élément politique de l'État

b) service public national   2) rôle de l'autorité

c) mission régalienne de l'État   3) éducation

d) puissance publique   4) Montesquieu

e) séparation de pouvoir   5) royauté

Résultat : _______/10

FÉLICITATIONS!!!

VII- COMMENTAIRES

1- Quelles étaient vos idées préconçues sur le concept avant la lecture de ce chapitre ?

____
____
____
____
____
____
____

2- Qu'avez-vous appris sur le sujet ?

____
____
____
____
____

Quelles sont vos réflexions personnelles pour vous aider, soit dans l'application soit dans la compréhension de ce thème ?

____
____
____
____

CHAPITRE XI
DE LA PASSIVITÉ PUNISSABLE PAR LA LOI ET LA BIBLE

*" Celui donc qui sait faire ce qui est bien, et qui **ne le fait** pas, commet un péché "*
Jacques 4 : 17

I-   COMMENT LA LOI TRAITE-T-ELLE CERTAINES PASSIVITÉS ?

La passivité est l'état ou le caractère de celui ou de ce qui est passif, de ce qui n'agit pas, de ce qui subit l'action. Le concept de *passivité punissable* nous réfère directement au droit pénal, particulièrement à la définition de l'infraction au préalable, avant de voir quelques comportements que la loi réprimande sévèrement pour leur passivité.

a)   Définition de l'infraction

Le code pénal ne s'est pas donné la peine de définir l'infraction que l'on peut considérer comme une violation de la loi pénale par action ou omission, violation sanctionnée par une peine. Mais dans la définition suivante se trouvent réunis les divers éléments constitutifs du délit ou infraction. C'est la violation d'une loi de l'État promulguée pour protéger la sécurité des citoyens, résultant d'un acte externe de l'homme, positif ou négatif, socialement imputable, ne se justifiant pas par l'accomplissement d'un devoir ou l'exercice d'un droit et puni d'une peine par la loi. On peut déduire de cette définition :

- *Il n'y a pas d'infraction si avant son accomplissement il n'existait un texte de loi qui punit cette infraction (article 4 du code pénal).*
- *Que la loi pénale a pour but de protéger la sécurité des citoyens mise en péril par l'accomplissement de ce délit.*
- *Que le délit ne résulte que d'un acte externe, positif ou négatif, car la loi ne punit pas la simple intention quelqu'immorale qu'elle soit, si cette intention n'a pas été mise en exécution.*
- *Que les délits ne peuvent être commis que par l'homme, être doué de raison et de volonté.*
- *Que les délits peuvent consister en des actes matériels de commission ou positifs quand on fait ce que la loi pénale défend, ou en des omissions ou négation quand on ne fait pas ce que la loi pénale ordonne.*
- *Qu'il n'y a pas de délit si l'acte n'est pas imputable moralement ou socialement.*
- *Que l'acte punissable en soi ne constitue pas un délit quand il est l'accomplissement d'un devoir social et à ce titre ordonné par la loi.*
- *Qu'il n'y a non plus de délit quand l'acte punissable n'est que l'exercice d'un droit consacré par la loi.*[54]

---

[54] *Notes de cours de droit pénal général de l'EDSEG, p 7 et 8*

b)   Quelques comportements de passivité punissable

À ce stade, nous allons étudier trois faits dont les deux premiers sont des cas d'omission et le dernier une cause de rejet de faits justificatifs.

1-   De la non-révélation d'informations utiles à faire la prévention

Le droit pénal traite de la non-révélation, en cas de crime contre la sûreté intérieure et extérieure de l'État. L'article 79 du code pénal le précise clairement : " *Toute personne qui, ayant eu connaissance de complots ou de crimes projetés contre la sûreté intérieure ou extérieure de l'État, n'aura pas fait la déclaration de ces complots ou crimes et révélé au gouvernement ou aux autorités administratives ou de la police judiciaire, les circonstances qui en seront venues à sa connaissance, le tout, dans les vingt-quatre heures qui auront suivi ladite connaissance sera, lors même qu'elle serait reconnue exempte de toute complicité, mise, pour le seul fait de non-révélation, sous la surveillance spéciale de la haute police de l'État, pendant un temps qui n'excèdera point cinq ans.*"

En droit du travail, le travailleur est tenu d'informer son patron de toutes défectuosités qu'il aurait pu constater dans les matières premières ou dans l'outillage et qui seraient susceptibles de causer un préjudice à l'entreprise (article 30 c du code du travail). En cas de non-révélation de cette défaillance mise à sa connaissance, sa responsabilité personnelle est engagée. Son employeur peut mettre fin à son contrat de travail et sans qu'il y ait résulté de responsabilité pour lui (article 42 g du code du travail). De plus, ce travailleur devra restituer toutes les dépenses que cette défectuosité pourrait occasionner à la suite de son silence de passivité punissable.

En droit civil, un fils qui ne dénonce pas le meurtrier de ses parents ou qui n'empêche pas l'acte en le dénonçant à la justice, est indigne de participer à la succession (article 588 du code civil)

2-   De la non-assistance à une personne en danger

En Haïti, la non assistance en cas de danger est une contravention minime de deuxième classe prévue et punie par l'article 394 9e du code pénal. Concernant un enfant abandonné, toute personne qui l'ayant trouvé ne l'aura pas remis à l'autorité compétente est poursuivie de délit au regard de l'article 296 du code pénal.

3-   De l'exécution d'un ordre manifestement illégal

Parmi les faits justificatifs liés à l'acte nous notons : l'état de nécessité, la légitime défense et l'ordre de la loi et du commandement de l'autorité légitime. Dans le dernier cas, quand un individu a commis un acte délictueux en soi, mais ordonné par la loi et commandé par une autorité supérieure, il ne peut pas être puni du fait de cet acte qui est justifié. Ainsi, les soldats d'un peloton d'exécution qui fusillent un condamné à mort ne peuvent pas être inculpés d'homicide, car l'acte devient licite puisque d'une part, il a été ordonné par la loi, d'autre part, commandé par un officier supérieur hiérarchique des soldats.

Si l'acte commandé par l'autorité légitime n'a pas été ordonné par la loi, c'est-à-dire est illégal, cet acte demeure illicite et engage la responsabilité non seulement de l'agent qui obéit, mais aussi de l'autorité qui a commandé. Ainsi, le soldat qui, obéissant à un supérieur, fusille un détenu dans la prison, non encore jugé, ou condamné à une peine autre que la peine de mort, ce soldat ainsi que son supérieur sont coupables d'homicide. Ceci dit un agent qui obéit à un ordre manifestement illégal engage sa propre responsabilité, même s'il aurait obligation d'obéir à l'ordre.

II- COMMENT LA BIBLE TRAITE T-ELLE CERTAINES PASSIVITÉS ?

On pourrait trouver des exemples à ne plus en finir pour enseigner comment la Bible traite des comportements punissables, à partir de leur passivité, mais, nous allons nous contenter seulement des cinq histoires suivantes :

a) Adam qui s'est laissé séduit par Eve

À remarquer qu'Adam n'a pas péché le premier. Et s'il est tombé, c'est sous l'influence de sa femme. Il a même avancé cette excuse à Dieu : " *La femme que tu as mise auprès de moi m'a donné de l'arbre, et j'en ai mangé*" (Genèse 3 : 12). Malgré tout, il a été puni pour avoir écouté la voix de sa femme (Genèse 3 : 17). La passivité d'Adam pour ce qui concerne l'acte de sa femme Eve a entraîné la chute de toute l'humanité (Romains 5 : 12).

b) Aaron et le veau d'or

Alors que Moise était dans la présence de Dieu sur la montagne de manière prolongée, le peuple s'était inquiété de ce long retard, il a exigé à Aaron de lui fabriquer un dieu. Pris de panique et intimidé par la fureur du peuple, Aaron s'est plié. Il a fabriqué un veau d'or au peuple pour adorer comme dieu. Cette décision a entraîné au final en une journée la mort de trois mille hommes parmi le peuple (Exode 32 : 1 -28)

c) Le sacrificateur Eli et ses enfants

Nous avons déjà étudié ailleurs le cas de ce sacrificateur qui n'avait pas su bien élever ses enfants. Les fils du sacrificateur agissaient très mal dans le temple, mais la sensibilité de père avait animé Eli et lui empêchait d'agir avec rigueur comme nécessitait le cas de ses enfants. En récompense, ces deux garçons sont morts sur le champ de bataille le même jour, l'une de ses belles filles a eu une mauvaise couche, l'arche de l'Éternel dont il était le gérant est restée entre les mains de l'ennemi et il est mort par-dessus de tout, suite à sa passivité. (1 Samuel 2 : 22 – 4 : 1 -12)

d)   Les prophètes complaisants au temps des rois Achab et Sédécias

Le roi Achab et son homologue Josaphat devaient aller en guerre ensemble contre les syriens, mais Josaphat a sollicité l'avis de Dieu. Achab a réuni quatre cents prophètes qui lui parlaient en bien uniquement. Non seulement, cette passivité des prophètes complaisants a valu la mort d'Achab, mais leur sort individuel a été prononcé par le prophète Michée dans 2 Chroniques 18 : 23 et 24. Après la défaite d'Israël, ils ont tous pris le marquis.

Le roi Sédécias du temps du prophète de Jérémie a fait cette même expérience, avec un nombre de prophètes complaisants qui ne prédisaient que du bien en faveur du roi. Mais Jérusalem a été finalement pris et les babyloniens ont emmené le roi Sédécias captif chez eux après avoir égorgé en sa présence ses enfants et ses principaux chefs. Ses yeux à lui ont été crevés (Jérémie 37–39 : 1–7). Encore une fois, la passivité des prophètes complaisants ont été fatale au roi et au peuple.

e)   Apôtre Pierre réprimandé par Paul pour son comportement passif

À la suite de la conversion de Corneille, les chrétiens de Jérusalem ont reproché à Pierre de rentrer chez des incirconcis (Actes 11 : 1- 3). Heureusement, le Saint Esprit a donné des mots justes à Pierre pour expliquer à ces juifs, la volonté de Dieu et les calmer par dessus tout (Actes 11 : 18). Mais cette mauvaise expérience a marqué l'apôtre au point qu'à une prochaine occasion où il devait se mêler avec les incirconcis, alors qu'il était à Antioche, Pierre a eu un comportement répréhensible pour dissimuler son rapport avec les païens convertis. Paul a vu ce geste et a reproché à Pierre sa passivité, par crainte des juifs. Ce comportement a poussé Barnabas et les autres juifs présents avec Pierre à l'hypocrisie (Galates 2 : 11 – 13).

On pourrait ajouter les passages suivants pour illustrer ce point : " *Celui donc qui sait faire ce qui est bien, et qui ne le fait pas, commet un péché* " " *Si quelqu'un n'a pas soin des siens, et principalement de ceux de sa famille, il a renié la foi, et il est pire qu'un infidèle*" tirés respectivement de Jacques 4 : 17 et de 1 Timothée 5 : 8.

III- APPLICATION

Le point commun de tous ces exemples de la passivité punissable, qu'il soit du Droit ou de la Bible est la lâcheté. Que dit la Bible au sujet des lâches ? Il est écrit que les lâches n'hériteront pas le royaume des cieux dans Apocalypse 21 : 8. Pourquoi ? Toujours selon la Bible, le royaume des cieux est forcé et ce sont les violents qui s'en emparent (Matthieu 11 : 12). Sociologiquement, ce sont les marginaux, les déviants qui font bouger la société, jamais les conservateurs ou les conformistes. En Droit, la loi a une portée révolutionnaire par sa nouveauté. Les bons et vrais dirigeants ne sont pas ceux qui se laissent diriger, mais qui ont assez de maturité et de capacité pour faire des suiveurs. La passivité n'a jamais été un bon comportement. Dieu nous appelle en tant que chrétiens à être pacifiques, mais non des passifs (Romains 12 : 18).

IV-   À RETENIR

V-   QUIZ

1-   Répondez par vrai ou faux ($1/2$ pt par bonne réponse)

a)   La passivité peut être punie par la loi.

b)   Une personne ayant connaissance d'un complot contre la sûreté intérieure ou extérieure de l'État doit le dénoncer.

c)   En Haïti, la non assistance en cas de danger est une contravention.

d)   Un subalterne qui désobéit à un ordre manifestement illégal agit bien au regard de la loi pénale.

e)   La passivité n'est pas synonyme de pacifique.

2-   Utilisez les mots suivants pour compléter les phrases ci-dessous ($1/2$ pt par bonne réponse)

Autorité   tenu   engage   responsabilité   négatif

a) Que le délit ne résulte que d'un acte externe, positif ou ……………….

b) le travailleur est …………………… d'informer son patron de toutes défectuosités qu'il aurait pu constater dans les matières premières ou dans l'outillage et qui seraient susceptibles de causer un préjudice à l'entreprise.

c) Concernant un enfant abandonné, toute personne qui l'ayant trouvé ne l'aura pas remis à l'………………… compétente est poursuivie de délit au regard de l'article 296 du code pénal.

d) un agent qui obéit à un ordre manifestement illégal ………………… sa propre responsabilité même s'il aurait obligation d'obéir à l'ordre.

e) En cas de non-révélation de cette défaillance mise à sa connaissance, sa ……………………… personnelle est engagée.

3- Faites correspondre les flèches (1 pt par bonne réponse)

a) état de nécessité   1) indigne

b) non révélation de défectuosité de l'outillage   2) code pénal

c) non révélation de complot contre l'État   3) travailleur fautif

d) non révélation de l'assassinat de ses parents   4) fait justificatif

e) ordre de la loi et commandé par l'autorité légitime 5) pas de responsabilité pénale

Résultat : ______/10   FÉLICITATIONS!!!

VI- COMMENTAIRES

1-   Quelles étaient vos idées préconçues sur le concept avant la lecture de ce chapitre ?

____

____

____

____

____

2-   Qu'avez-vous appris sur le sujet ?

____

____

____

____

____

3-   Quelles sont vos réflexions personnelles pour vous aider, soit dans l'application soit dans la compréhension de ce thème ?

____

____

____

____

____

____

____

____

____

____

CHAPITRE XII
DE LA NATIONALITÉ

*"Le tribun reprit : C'est avec beaucoup d'argent que j'ai acquis ce **droit de citoyen**. Et moi, dit Paul, je l'ai par ma naissance "* Actes 22 : 28

I-   QUID DE LA NATIONALITÉ ET DE SES REDEVANCES ENVERS LES NATIONAUX ?

Le fait de porter une nationalité cela fait quoi de vous en plus ? Dépendamment de la nation, les réponses peuvent être diverses.

a)   De la définition du concept

Par définition, la nationalité est *un lien juridique et politique unissant une personne à un État déterminé. Ce lien, encore appelé allégeance, se manifeste par des devoirs de l'individu envers l'État dont il est en quelque sorte le sujet (obligations militaires, loyalisme, dont le défaut peut, dans certains cas, entraîner la perte de la nationalité) et, en sens inverse, par la protection diplomatique que l'État exerce sur lui.*[55] En droit international privé, les deux modes d'acquisition de nationalité est celle d'origine et celle acquise postérieure à la naissance. Si la naturalisation est un acte de volonté du citoyen ; la nationalité d'origine est automatique et de fait à la naissance. Deux théories s'imposent en cette matière : *le jus soli* (la loi du sol) et *le jus sanguinus* (la loi du sang). Chaque pays est libre de fixer les conditions d'attribution de sa nationalité d'origine. Il y a certains qui choisissent un cas parmi les deux, mais amoindrissent les conditions ; d'autres qui acceptent les deux pour ne perdre personne. Enfin de compte, il y a une dernière catégorie radicale telle que Haïti qui accepte *le jus sanguinus* rigide : père et mère[56].

b)   Des privilèges exclusifs aux nationaux

L'appartenance du national à la population constitutive de l'État le fait accéder à un certain statut privilégié – notamment à la jouissance des droits politiques –, dont sont par principe exclus les étrangers.[57]À ce sujet, il y a des pays qui permettent à un naturalisé d'accéder à un certain niveau de responsabilité de l'État, mais jamais au premier rang.

En somme, la nationalité permet au citoyen d'avoir et de jouir des droits tout en étant redevable envers un État. Les droits peuvent être civils, socio-économiques et politiques. L'article 16 de la Constitution reconnaît que *la réunion des droits civils et politiques constitue la qualité du citoyen.* Malheureusement, en Haïti, certains ressortissants ou

---

[55] *www.universalis.fr/encyclopedie/nationalité recherche effectuée le 5 octobre 2019*

[56] *Possède la nationalité haïtienne d'origine tout individu né d'un père haïtien ou d'une mère haïtienne qui eux-mêmes sont nés haïtiens et n'avaient jamais renoncé à leur nationalité au moment de la naissance.*

[57] *www.universalis.fr/encyclopedie/nationalité recherche effectuée le 5 octobre 2019*

citoyens ne peuvent jouir de tous les droits civils et politiques à cause du refus de la double nationalité. L'article 15 de la Constitution de 1987 énonce : " *la double nationalité haïtienne et étrangère n'est admise dans aucun cas*". Cette disposition n'a pas été abrogée dans l'amendement de la Constitution en 2015. Malgré les tentatives, l'exercice du droit politique en Haïti est un privilège déchu à la diaspora. Les cas de Dumarsais Siméus en 2005[58] et de Rudolph Henry Boulos[59] en disent long.

En plus du champ de la politique (cet espace est réservé aux nationaux), mais la loi sociale donne priorité aux nationaux sur les étrangers en matière d'octroi de travail. Le chapitre VI de la main d'œuvre étrangère des articles 306 à 315 du code du travail traite théoriquement la question du fait que la pratique se révèle fort souvent contraire au principe du Droit. Jésus a voulu appliquer la même règle avec la femme cananéenne, dans le territoire de Tyr et de Sidon quand il lui dit : " *Il n'est pas bien de prendre le pain des enfants et de le jeter aux petits chiens*" (Matthieu 15 :26).

II-   QUID DU DROIT DES ÉTRANGERS ?

Le droit des étrangers est la branche du droit qui étudie la situation juridique des personnes dans un État dont elles ne sont pas ressortissantes, c'est-à-dire dont elles n'ont pas la nationalité. Il fait donc appel au droit de la nationalité (Qui est étranger ?) et au droit international privé (accords entre les États).

Il faut signaler les cas particuliers des plurinationaux et des apatrides. Les plurinationaux (binationaux par exemple) dont les droits et obligations sont ceux des États dont ils ont la nationalité. Les conflits de loi étant réglés par un accord entre États. Les apatrides, eux n'ont aucun droit national, leur cas est donc réglé par un droit spécifique.

---

[58] *Le Conseil Electoral Provisoire ayant à sa tête le sieur Max Mathurin a le 11 novembre 2005 publié une liste de candidats à la présidence dans laquelle les candidats Dumarsais Siméus et autres ont été écartés. Monsieur Mathurin a évoqué l'acquisition de nationalité américaine de monsieur Siméus comme raison pour laquelle il ne pourra participer aux joutes prévues pour la fin de l'année malgré un arrêt de la Cour de Cassation l'avait autorisé à y prendre part. (Réf. Haïti en Marche du 16 novembre 2005 vol. XIX # 42 p 5)*
Dumarsais Siméus est né à Pont Sondé, dans le département de l'Artibonite en Haïti. Il a voyagé vers les Etats Unis en 1961. En 1970, il s'est naturalisé. Il a fait ses études à l'Université Florida A&M puis transféré à Howard University à Washington D.C où il décrocha le titre d'ingénieur en électricité. Il se lança dans les affaires et y prospéra. Sa compagnie Siméus Food intl. génère annuellement depuis en 1996 US $ 155 million par année. (Réf. www.wikipedia.org/wiki/Dumarsais_Siméus recherche effectuée le 5 octobre 2019)

[59] *Rudolph Henry Boulos, élu sénateur du département du Nord Est a été destitué par le Sénat en 2008 en raison de sa présumée nationalité étrangère. Cet homme d'affaire a pris fonction par la suite de consultant auprès du bureau du Vice-président du Sénat, Jean Hector Anacacis. (Réf. National article titre l'ex-sénateur Boulos au Sénat)*

Chaque pays traite cette question à sa manière et accorde certains droits et protections aux étrangers. Ces derniers peuvent être immigrés s'ils respectent les normes de l'immigration fixées par le territoire concerné et après un certains temps requérir la nationalité d'asile. Au nom du droit de l'humanité, ils ont droit à une certaine protection sociale. En Israël, les propriétaires de champs ne devaient pas tout ramasser au moment des récoltes. Ils avaient l'obligation de laisser une part pour les glaneurs (Lévitique 19 : 9 ; 23 : 22)[60]. Toutefois, même si on est étranger, le droit à l'opportunité peut être pour tous pareil. Il ne doit y avoir de barrière sociale, économique, académique et même politique à un certain niveau, il suffit de remplir les conditions.

III- APPLICATION

Certains pays acceptent la double nationalité. Mais pour arriver à une certaine fonction, il faut faire un choix. C'était le cas de madame Michaëlle Jean au Canada qui lui a permis de devenir son gouverneur en 2005. Madame Jean possédait lors de l'annonce de sa nomination la double nationalité. Son mari étant né en France, elle avait demandé — et obtenu — la nationalité française à l'occasion de son mariage. Elle décide alors de renoncer à celle-ci afin de ne pas créer d'imbroglio diplomatique étant donné le statut de commandant-en-chef des Forces armées canadiennes porté par le gouverneur général. Le 23 septembre 2005, soit quatre jours avant son assermentation, Michaëlle Jean a été « libérée de son allégeance à l'égard de la France » par décret ministériel.

Les chrétiens sont des citoyens terrestres et célestes. En cas de conflit de normes, ils sont appelés à faire un choix selon leurs intérêts. Pierre l'avait fait à de multiples reprises au début de l'ère de l'église (Actes 4 : 19 ; 5 : 29). Étant devenus aussi citoyens célestes par adoption en Christ, toutes les opportunités du royaume sont à nous comme privilégiés. Mais à nous aussi de vivre, par obligation, selon les exigences du royaume

---

[60] *Quand vous ferez la moisson dans votre pays, tu laisseras un coin de ton champ sans le moissonner, et tu ne ramasseras pas ce qui reste à glaner. Tu abandonneras cela au pauvre et à l'étranger. Je suis l'Eternel, votre Dieu (Lévitique 23 :22)*

IV- À RETENIR

> *Le concept de nationalité fait le point entre les nationaux et les étrangers. Pour bénéficier de certains privilèges, il ne suffit pas seulement d'être un immigrant mais on doit devenir citoyen.*

V- QUIZ

1- Répondez par vrai ou faux ($1/2$ pt par bonne réponse)

a) La nationalité d'origine est celle acquise par la naturalisation.

b) La nationalité d'origine est automatique mais à un certain âge.

c) C'est l'ONU qui détermine le mode de nationalité à la naissance qu'un pays doit adopter.

d) Les nationaux d'origine et les naturalisés ne jouissent pas de mêmes privilèges en matière politique.

e) Aucun pays n'accepte la double nationalité.

2- Utilisez les mots suivants pour complétez les phrases ci-dessous ($1/2$ pt par bonne réponse)

Citoyen   nationalité   choix   redevable   acquisition

a) La .... est un lien juridique et politique unissant une personne à un État déterminé.

b) Les deux modes d'......................... de nationalité est celle d'origine et celle acquise postérieurement à la naissance.

c) La nationalité permet au citoyen d'avoir et de jouir des droits tout en étant .... envers un État.

d) Pour bénéficier de certains privilèges, il ne suffit pas seulement d'être un immigrant mais on doit devenir ....

e) Certains pays acceptent la double nationalité. Mais pour arriver à une certaine fonction, il faut faire un ....

3- Faites correspondre les flèches (1 pt par bonne réponse)

a) non citoyen	1) droits civils et politiques
b) qualité du citoyen	2) allégeance
c) nationalité d'origine	3) acte volontaire
d) naturalisation	4) jus soli
e) lien	5) étranger

Résultat : ______/10

FÉLICITATIONS!!!

VI- COMMENTAIRES

1-   Quelles étaient vos idées préconçues sur le concept avant la lecture de ce chapitre ?

2-   Qu'avez-vous appris sur le sujet ?

3. Quelles sont vos réflexions personnelles pour vous aider, soit dans l'application soit dans la compréhension de ce thème ?

CHAPITRE XIII

LES AMBASSADES ET LES VILLES DE REFUGE

*"Nous faisons donc les fonctions d'**ambassadeurs** pour Christ, comme si Dieu exhortait par nous ; nous vous en supplions au nom de Christ : Soyez réconciliés avec Dieu ! "*

Corinthiens 5 : 20

I-   LA NOTION D'AMBASSADE EN DROIT

Ce concept est l'un des thèmes de la diplomatie, une science connexe au droit international public. Nous allons voir à travers ce point la définition, les statuts et les missions du vocable.

a)   Définition

Une ambassade est la représentation diplomatique d'un État auprès d'un autre. Par extension, le terme est utilisé pour désigner le lieu où sont établis les locaux de cette activité. C'est aussi parfois – mais pas toujours – la résidence de l'ambassadeur.

On parle aussi d'ambassade pour une mission diplomatique ponctuelle : l'ambassade est alors composée de l'ambassadeur et de ses assistants, logés dans des locaux temporaires. Cette sorte d'ambassade est généralement courte et limitée à la négociation d'un accord précis. Elle est devenue plus rare de nos jours, car la plupart des pays disposent de représentations permanentes dans les autres capitales, et n'ont donc pas besoin d'envoyer des représentants épisodiques.

b)   Statuts

L'inviolabilité des ambassades est garantie par l'article 22 de la convention de Vienne sur les relations diplomatiques. Les agents de l'État hôte n'ont pas le droit d'y pénétrer sans l'accord du chef de la mission. L'État hôte doit prendre toutes les mesures nécessaires à la protection de la mission. Les locaux de la mission, leur ameublement et les autres objets qui s'y trouvent, ainsi que les moyens de transport de la mission (voitures diplomatiques par exemple), ne peuvent faire l'objet d'aucune perquisition, réquisition, saisie ou mesure d'exécution.

Contrairement à une idée répandue, une ambassade n'est pas considérée comme faisant partie du territoire national du pays qu'elle représente. L'extraterritorialité des ambassades est une fiction juridique abandonnée au XIXe siècle.

Les actes de violation d'ambassades sont rares ; l'un des cas les plus connus eut lieu lors de la crise iranienne des otages. La plus récente violation de l'article 22 de la convention de

Vienne a eu lieu le 29 novembre 2011 à l'encontre de l'ambassade du Royaume-Uni en Iran, accompagnée du remplacement du drapeau britannique par l'étendard iranien.

Le personnel diplomatique d'une ambassade bénéficie généralement de l'immunité diplomatique, en accord avec la convention de Vienne sur les relations diplomatiques.

c)   Missions

Bien qu'elles varient selon le pays, les missions suivantes sont généralement confiées aux ambassades.

1-   Relations diplomatiques

Le rôle principal d'une ambassade, et plus particulièrement celui de l'ambassadeur, est d'entretenir les relations diplomatiques avec le pays hôte. En cas de grave différend, ou de guerre civile, l'ambassade peut être fermée. Il ne faut cependant pas confondre cette mesure avec la rupture des relations diplomatiques, qui signifie simplement que l'ambassadeur ne parle officiellement plus aux autorités, mais continue d'assurer toutes ses autres fonctions, notamment consulaires.

En cas de guerre, il arrive souvent que l'on ordonne aux ambassades concernées de détruire leurs documents secrets : une telle mesure à valeur d'avertissement pour les services secrets ennemis. Ce fut le cas pour le Japon, juste avant Pearl Harbor. Lorsque la guerre est déclarée, le personnel diplomatique est interné.

Les ambassades entretiennent leurs relations diplomatiques, entre autres, par le biais de documents classés secrets portant le nom de notes verbales.

2-   Assistance et coopération

Il arrive qu'une ambassade soit chargée de coordonner l'action humanitaire, culturelle ou autre de son pays à l'étranger.

3-   Expatriés

L'ambassade d'un pays contient une section consulaire qui permet à ses expatriés d'effectuer un certain nombre de démarches administratives.

Les consulats sont en règle générale, investis des missions en relation avec l'état civil. Il est ainsi possible d'établir des actes pour tous les événements d'état civil (naissance, mariage, reconnaissance, décès) et de se faire délivrer des papiers d'identité (passeport). Toutefois, ces actes ne peuvent être réalisés que dans les limites et les conditions fixées par la législation du pays d'accueil.

Un expatrié peut aussi se mettre sous la protection de l'ambassade de son pays s'il estime que sa sécurité n'est pas garantie à l'extérieur (droit d'asile). On étend parfois ce droit à d'autres nationalités, en vertu de l'immunité diplomatique[61], mais c'est un procédé discutable et les autorités peuvent demander l'expulsion du réfugié.

De même, un expatrié en difficulté, qui a par exemple perdu son argent, ses papiers, peut demander l'aide de l'ambassade pour être rapatrié.

Pour faciliter les démarches et l'aide personnalisée, certaines ambassades entretiennent dans un même pays plusieurs consulats auprès des principales communautés de leurs ressortissants ou dans les grandes villes.

II- L'IDÉE D'AMBASSADE DANS LA BIBLE

Il est vrai que ce concept est celui de la diplomatie, mais il est aussi utilisé sous différentes formes dans la Bible.

a) Les villes de refuges en Israël

Dans plusieurs passages de l'Ancien Testament, la Bible relate des villes qui remplissaient la fonction de refuge pour les recherchés. Ces derniers y trouvaient leur refuge ou leur protection. Ces villes ont été réglementées et les refugiés y trouvaient protection, moyennant certaines conditions.

Lisons certains passages :

" Celui qui frappera un homme mortellement sera puni de mort. S'il ne lui a point dressé d'embûches, et que Dieu l'ait fait tomber sous sa main, je t'établirai un lieu où il pourra se réfugier. Mais si quelqu'un agit méchamment contre son prochain, en employant la ruse pour le tuer, tu l'arracheras même de mon autel, pour le faire mourir ".
Exode 21 : 12 - 14

" L'Eternel parla à Moïse et dit : Parle aux enfants d'Israël et dis leur, lorsque vous aurez passé le Jourdain et que vous serez entrés dans le pays de Canaan, vous vous établirez des villes qui soient pour vous des villes de refuge, où pourra s'enfuir le meurtrier qui aura tué quelqu'un involontairement. Ces villes vous serviront de refuge contre le vengeur du sang, afin que le meurtrier ne soit point mis à mort avant d'avoir comparu devant l'assemblée pour être jugé. Des villes que vous donnerez, six seront pour vous des villes de refuge.

…

Voici les lois d'après lesquelles l'assemblée jugera entre celui qui a frappé et le vengeur du sang. L'Assemblée délivrera le meurtrier de la main du vengeur du sang, et le fera retourner dans la ville de refuge où il s'était enfui. Il y demeurera jusqu'à la mort du souverain sacrificateur qu'on a oint de l'huile sainte.

---

[61] *Voir annexe # 7 de l 'immunité diplomatique p 171*

Les passages ci-dessus nous permettent de comprendre que les ambassades ou les villes de refuge avaient tous un souverain sacrificateur qui faisaient office d'ambassadeur. De plus, la poursuite de l'infraction était prescrite à la mort de ce dernier. Et enfin, dans la Bible, les notions d'extradition étaient déjà envisagées en cas d'un meurtre.

b)   Quelques émissaires reportés dans l'Ancien Testament

L'ambassade dans l'Ancien Testament n'avait pas seulement la fonction de ville de refuge, mais elle désignait aussi une délégation ou des émissaires. Citons en exemple :
Eliezer de Damas dans sa mission d'aller chercher une épouse pour Isaac le fils d'Abraham (Genèse 24)

- Hamor, père de Sichem qui est allé demander en mariage Dina la fille de Jacob pour son fils après que celui-ci l'ait violée (Genèse 34)
- Les messagers de Balak à Balam (Nombres 22 : 1 – 21)
- Les douze espions envoyés en Canaan (Nombres 13)
- Les gens envoyés par Saül pour prendre David (1 Samuel 19 : 20, 21)
- Rabschake un des trois émissaires du roi d'Assyrie auprès d'Ezéchias (2 rois 18 : 17 – 37 ; Esaïe 36 : 1 -22)
- Ambassade babylonienne en visite de courtoisie à Ezéchias (2 Rois 20 : 12 – 18)

Ces quelques passages bibliques nous montrent que les ambassades ou émissaires avaient des missions de requérir la paix ou la guerre, de réconciliation ou de provocation, de courtoisie ou d'espionnage. Dans la réalité, ces fonctions ne sont pas différentes des agents d'une ambassade du temps moderne.

c)   La fonction d'ambassadeur du chrétien

Dans 2 Corinthiens 5 : 20, Paul a précisé notre statut d'ambassadeur pour Christ. Par là étant ambassadeurs, nous avons la mission d'exhorter et de réconcilier. Un chrétien ne peut pas observer le silence quand cela va mal autour de lui. Le chrétien est devenu la bouche de Dieu qui exhorte par lui. Puisqu'ils sont aussi des agents de paix, ils ont la mission de réconcilier le monde avec Dieu en se réconciliant lui-même au préalable avec son chef diplomatique à savoir Jésus-Christ.

Puisque le chrétien est un ambassadeur pour Christ, il devrait être apte à exercer de telle fonction par la connaissance, la maîtrise de la culture de son royaume et les règles de bienséance. Sinon, il risque de tomber dans l'amateurisme. Voyez le résultat de la diplomatie haïtienne d'après 1986 et vous comprendrez le tort que peut causer une représentation quand ses agents ne sont pas qualifiés.

III- APPLICATION

L'atmosphère de travail et les activités à l'intérieur de l'ambassade sont fortement marquées par le protocole inhérent aux relations diplomatiques et l'isolement plus ou moins marqué des personnels qui y travaillent.

Le personnel de l'ambassade est isolé du pays hôte. À l'intérieur de l'ambassade, c'est la loi et la culture du pays de la représentation qui prévalent. C'est pourquoi Jésus a dit en parlant de ses disciples et des chrétiens qu'ils sont dans le monde, mais ils ne sont pas du monde (Jean 17 : 11, 16, 20).

Jésus est l'ambassade de tout chrétien, car personne ne peut le ravir de sa main (Jean 6 : 37, 39). En Jésus, c'est le principe de l'inviolabilité. C'est le refuge absolu et parfait.

IV- À RETENIR

L'inviolabilité et l'immunité sont deux statuts des ambassades en diplomatie. La première se rapporte à l'espace et la seconde au personnel.

V- QUIZ

1- Répondez par vrai ou faux ($1/2$ pt par bonne réponse)
   a) Une ambassade est la représentation diplomatique d'un État auprès d'un autre.
   b) Les représentations permanentes sont dans la capitale du pays hôte.
   c) En aucune façon, les agents du pays hôte ne peuvent pénétrer à l'intérieur d'une ambassade.
   d) Une ambassade n'est plus considérée comme faisant partie du territoire national du pays qu'elle représente.
   e) Dans la rupture des relations diplomatiques l'ambassade est fermée.

2- Utilisez les mots suivants pour compléter les phrases ci-dessous ($1/2$ pt par bonne réponse)

   Inviolabilité   officiellement   résidence   consulats   immunité

   a) L'ambassade est la .... de l'ambassadeur
   b) L'................................ des ambassades est garantie par la convention de Vienne sur les relations diplomatiques.
   c) Le personnel diplomatique d'une ambassade bénéficie généralement de l'.................. diplomatique
   d) Pour faciliter les démarches et l'aide personnalisée, certaines ambassades entretiennent dans un même pays plusieurs .... auprès des principales communautés de leurs ressortissants ou dans les grandes villes.

e) Avec la rupture des relations diplomatiques, l'ambassadeur ne parle ....
plus aux autorités, mais continue d'assurer toutes ses autres fonctions, notamment
consulaires.

3- Faites correspondre les flèches (1 pt par bonne réponse)

a) ambassade ponctuelle   1) consulat
b) extraterritorialité   2) fiction juridique
c) notes verbales   3) courte mission
d) actes de l'état civils des expatriés   4) ambassadeur
e) plus haut grade de la mission 5) documents classés secrets

Résultat : _______/10

FÉLICITATIONS!!!

VI-   COMMENTAIRES

1-   Quelles étaient vos idées préconçues sur le concept avant la lecture de ce chapitre ?

____
____
____
____
____
____
____
____

2-   Qu'avez-vous appris sur le sujet ?

____
____
____
____
____
____
____
____
____
____

3- Quelles sont vos réflexions personnelles pour vous aider, soit dans l'application soit dans la compréhension de ce thème ?

CHAPITRE XIV
DE LA PROFESSION DE L'AVOCAT[62]

*" Mes petits enfants, je vous écris ces choses, afin que vous ne péchiez point. Et si quelqu'un a péché, nous avons un **avocat** auprès du Père, Jésus-Christ le juste"* 1 Jean 2: 1

I-   LES EXIGENCES DE LA PROFESSION D'AVOCAT

Chaque famille pourrait aimer avoir un fils ou une fille avocat, mais il n'est pas donné à tout le monde d'être avocat, d'autant que les chances de réussite dans cette profession sont très restreintes, car l'exercice de l'avocature est exigeant.

a) Qualités et connaissances requises pour exercer l'avocature

L'avocat comme professionnel du droit, un conseil, un confident, un partenaire des moments difficiles, l'incarnation de la défense, le symbole le plus visible de la liberté, le contre-pouvoir le plus représentatif, le spécialiste, le technicien de la procédure et le dépositaire de méthodes savantes qui conduisent à la gestion efficace du procès et à l'exécution rapides des décisions de justice, requiert outre qu'une bonne rhétoricité et de l'audace ; de la courtoisie ; de l'intégrité; de la dignité ; de l'humanité et la discipline. Il doit également posséder un supplément de connaissances :

- Connaissances générales du droit lui permettant d'expliquer clairement les faits pertinents et le droit applicable ;
- Connaissances particulières dans ses champs de pratique afin d'identifier correctement les problèmes;
- Connaissance des codes à jour pour voir la clarté et la pertinence des procédures.

Et c'est à juste titre qu'Au 17ème siècle La Rocheflavin écrivait : « Celui qui veut être un bon avocat se doit de s'équiper de cent outils. Outre la science du Droit qui est le fondement de son art, il faut qu'il ait parfaitement étudié la grammaire, la rhétorique, la dialectique, la science des mœurs, les politiques, les historiens, etc. » En un mot, l'avocat est conçu pour un tout savoir.

b) Les attributions de l'avocat

Comme le laisse comprendre l'étymologie « Vocatus ad », c'est-à-dire ''appelé pour'', l'avocat est un praticien et un professionnel du droit dont la fonction traditionnelle est de conseiller ses clients sur des questions juridiques, qu'elles soient relatives à leur vie juridique quotidienne, ou qu'elles soient plus spécialisées.

---

[62] *Cette profession est réglementée en Haïti par le décret du 29 mars 1979, Code de lois usuelles de Me Ertha Pascal Trouillot, tome 2, p 404*

Pour parodier Maître Charles Tchoungang : « l'avocat est avant tout un professionnel du droit aux multiples visages, incarnant la défense, symbolisant la liberté et représente un contrepouvoir, son courage affirme l'indépendance. Il est également le conseiller, le confident, le partenaire des moments difficiles. C'est aussi, l'ami qui secourt et oriente tout en prenant position, mais sans jamais accepter d'être complice des objectifs de son client. L'avocat est également le spécialiste, le technicien de la procédure et le dépositaire de méthodes savantes qui conduisent à la gestion efficace du procès et à l'exécution rapide des décisions de Justice. » [63]

L'avocat haïtien a dans ses attributs le devoir de se battre contre toutes formes d'injustices, de se dresser contre une justice de proximité et inadéquate, contre toute mauvaise application des règles de droit, contre la désuétude de notre système judiciaire qui la rend incapable de produire les résultats escomptés. Enfin, contre tout ce qui empêcherait l'éclosion de la vérité judiciaire.

1- Assister son client et le conseiller

L'avocat est le seul partenaire juridique de haut niveau qui assiste et conseille son client dans tous les domaines de sa vie courante, qu'il s'agisse de sa vie particulière, ou de celle de son entreprise, (société commerciale, commerce individuel etc.)

Le droit étant en constante évolution et extrêmement complexe pour un profane, l'assistance de l'Avocat est primordiale. Il est conseillé, avant tout contentieux ou même avant toute démarche juridique, de recourir aux services d'un avocat afin de connaitre les règles applicables dans le domaine concerné.

L'avocat assiste son client dans tous les actes de sa vie juridique, dans toutes ses démarches juridiques. Se faire assister d'un avocat pendant toutes les phases de la procédure judiciaire offre des garanties du respect des droits et des intérêts de son client.

Notons également que l'assistance de l'avocat peut être requise par les notaires, toutes les fois qu'elle s'avère nécessaire et mention en sera faite dans les actes auxquels il participe. [64] Chaque jour il apporte au particulier ou aux entreprises son lot de textes législatifs. Alors, il revient à l'avocat de déterminer la fiabilité de vos projets dans le strict respect de la réglementation dans tous les domaines du droit.

2- Rédiger certains actes

La rédaction fait partie intégrale de la mission de l'avocat. Elle est non seulement l'action de rédiger, mais aussi le résultat de cette action. En cas de difficultés qui se soldent par un

---

[63] *Maitre Charles Tchoungang, la formation des futurs avocats camerounais, inédit, p 1.*
[64] *Art. 51, Décret du 29 mars 1979*

accord survenu avant ou en cours de procès, il rédige pour vous une transaction qui met fin au litige, et vous garantit que les difficultés ne se répéteront plus.

En qualité de rédacteur d'acte, il intervient pour rédiger tous les contrats et toutes les conventions, tantôt pour des particuliers tantôt pour des entreprises. Par écrit, il prépare des assignations au civil et au commerce, des requêtes en droit administratif, si vous êtes demandeur ou bien encore des plaintes et citations au pénal. Il fait également l'échange des conclusions pour répondre aux arguments adverses.

3- Recouvrer les créances et négocier pour le client

L'avocat assure efficacement le recouvrement de toutes vos créances. Il est apte à diligenter toute procédure du début à la fin.

Si vous êtes créancier et votre débiteur (locataire, client…) refuse d'honorer son engagement, l'avocat agit pour votre compte et entreprend toutes les mesures nécessaires amiables ou judiciaires pour vous faire payer, en prenant, s'il y a lieu, toutes les garanties telles que: nantissements, hypothèques et autres….

Si vous êtes locataire, fermier et que votre bail ou contrat de location, qu'il s'agisse d'habitation ou commercial, arrive à échéance ou doit faire l'objet d'une révision, l'avocat accomplit toutes les formalités nécessaires pour le renouveler, le réviser ou éventuellement donner congé.

Il intervient dans un cadre amiable, pour négocier, discuter, transiger, dans l'intérêt de son client. Il négocie, afin de trouver une solution favorable aux intérêts de son client. Mandaté par plusieurs parties, il peut assurer une mission de médiation conduisant à un accord à l'amiable.

4- Défendre la cause de son client et le représenter

Le client d'un avocat peut être : une personne physique ou morale. L'avocat défend son client lorsqu'il est impossible de trouver une solution à l'amiable ou seule la voie judiciaire est envisageable. À ce stade, il le représente et plaide sa cause devant les Tribunaux et Cours.

L'avocat est celui, lorsqu'une solution amiable n'a pu être trouvée et qu'un procès est engagé ou doit l'être, défend son client à tous les stades de la procédure notamment:
  • Devant les juridictions civiles;
  • Devant toutes les juridictions pénales, et ceci dès le stade de la garde à vue s'il y a lieu;

- Devant le juge d'instruction à l'occasion de tous les interrogatoires, devant les juridictions correctionnelles et le tribunal criminel, lors des audiences de jugement;
- Devant tous les organismes juridictionnels et administratifs;
- Devant les Cours d'Appel.

La représentation est pour l'avocat, une mission d'origine conventionnelle qui lui confie, en tant que mandataire, le pouvoir et le devoir d'accomplir au nom du mandant les actes de la procédure. Elle est parfois rendue obligatoire par le droit national, notamment afin d'assurer les droits de la défense. Bien que cette condition ait été remplie, le juge peut toujours, au besoin, exiger que le justiciable comparaisse personnellement.

c) Devoirs et obligations de l'avocat

La déontologie, étant l'ensemble des règles juridiques et éthiques qui s'imposent aux avocats dans leurs relations avec leurs clients, leurs confrères et les magistrats, énonce un certain nombre de devoirs imposables à l'avocat, notamment:

- Tenir au respect du secret professionnel
- Éviter, surtout à l'audience, les gestes inutiles et les mots blessants ou déplacés ;
- Répudier l'usage des pièces visiblement fausses ou altérées, sauf si elles sont produites en vue de leur rectification ;
- Exercer ses fonctions avec dignité, conscience, indépendance, probité, humanité et respecter dans cet exercice les principes d'honneur, de loyauté, de désintéressement, de confraternité, de délicatesse, de modération et de courtoisie ;
- S'acquitter avec intégrité de ses devoirs envers la justice, son client, ses confrères et le public;
- Soumission à toutes les règles de déontologie;
- Se décharger de toute mission ou fonction contraire à sa conscience d'Avocat ;
- Promouvoir le respect de la justice et se comporter en toute circonstance avec dignité ;
- Éviter dans sa vie professionnelle toute discrimination basée sur la race, la couleur, l'origine sociale et le sexe ;
- Devoir de compétence, d'obligations, de dévouement, de diligence et de prudence envers son client ;
- Conseiller et défendre son client promptement, consciencieusement, avec soin et diligence ;
- Informer son client de l'évolution de l'affaire dont il a été chargé ;

- Agir de façon à éviter que le client subisse un quelconque préjudice, même étant volontairement déchargé d'un dossier, en lui permettant de constituer un confrère en temps utile. Il va de même pour qui le mandat est révoqué ;
- Respecter le secret de toute information confidentielle dont il a connaissance dans le cadre de son activité professionnelle ;
- Respecter le secret de l'instruction en matière pénale en s'abstenant de communiquer, sauf à son client pour les besoins de la défense, des renseignements extraits du dossier ou de publier des documents, pièces ou lettres intéressant une information en cours, à moins d'être mandaté par le client et pour la sauvegarde des droits de la défense ou si la gravité du cas le requiert quant à la sécurité de son client, sa sécurité personnelle ou quant à la défense de ses droits d'avocat ;
- Veiller à ce que les renseignements confidentiels obtenus d'un client ne soient pas révélés à un autre. Et si la nature des services qui lui sont demandés, l'obligerait à le faire, il doit refuser son concours ;
- Observer la plus stricte convenance dans ses attitudes et paroles ;
- Défendre son client avec dignité, conscience, fermeté et sans crainte, tout en faisant preuve de respect et de loyauté envers le juge dans le respect des lois ;
- Ne pas tenter ni se laisser par qui que ce soit tenter d'influencer la décision du tribunal par le recours à la corruption, aux pressions personnelles ou tout moyen étranger aux modes licites de persuasion dont peut user l'avocat ;
- Se montrer aussi précis, franc et complet que possible en présentant la cause de façon à ne pas induire le tribunal en erreur dans les cas où la partie adverse n'a pas constitué d'avocat ;
- Essayer de trouver en tout temps la solution la plus avantageuse pour son client en tenant notamment compte des coûts;
- Prodiguer des conseils aux clients aux moments opportuns, quand il faut rechercher un accord ou de faire appel à des solutions alternatives pour terminer le litige ;

II- JESUS, L'AVOCAT DES CHRÉTIENS

a) Jésus résoud les problèmes de toutes sortes pour les gens. La foule venait à lui pour tout type de problèmes.

- Matthieu 8 : 16 ;
- Matthieu 10 : 8 ;
- Matthieu 12 : 15 ;
- Matthieu 14 : 14 ;
- Matthieu 14 : 17- 19 ;
- Matthieu14 : 35 ;
- Matthieu 15 : 30 ;

- Matthieu 17 : 27 ;
- Matthieu 19 : 2 ;
- Luc 5 : 17 ;
- Luc 9 : 6

b) Jésus donne des consultations
- Matthieu 22 :17 – 46 ;
- Marc 10 : 2 – 9 ;
- Luc 17 : 20, 21

c) Jésus est un conseiller. Il est appelé conseiller. Il promet l'assistance du Saint- Esprit qui nous conseillera dans toute la vérité
- Essaie 9: 6;
- Jean 14: 26
- Jean 16: 13

d) Jésus plaide ou intercède en faveur des siens. Il l'a fait à la croix et continue à le faire, assis à la droite de son père.
- Luc 23 : 34 ;
- Hébreux 7 : 25 ;
- Romains 8 : 34

e) Jésus nous aide à nous préparer lors d'une audience
- Luc 12 : 11, 12 à travers le Saint Esprit

f)Jésus fait le recouvrement de nos biens et nous assure un gain de centuple
- Marc 10 : 29, 30

g) Jésus se présente à notre place
- Actes 9 : 1 -5

III- APPLICATION

o Jésus comme Avocat, a une obligation de résultat et de moyens ; alors que les avocats humains ont seulement une obligation de moyens.
o Jésus comme Avocat, fait aussi de la substitution. Il prend la place de ceux qu'il défend alors que les autres avocats, représentent seulement leurs clients mais refusent de prendre leur place. Quand Saul avait la mission de persécuter les chrétiens, Jésus lui est apparu sur la route de Damas et lui a posé la question : " *pourquoi me persécutes tu ?*"
o Avec Jésus comme Avocat, le procès est gagné à l'avance. Il ne perd jamais un dossier. Il a tout payé à la croix. Il a déjà satisfait la justice par son sacrifice. Tandis que rien n'est encore sûr avec les autres avocats. Il faut attendre la fin du procès pour connaître son sort.

o Les autres avocats ne sont limités qu'au cas physique ou naturel alors qu'avec Jésus comme Avocat, il a la capacité d'intervenir tant sur le monde physique ou naturel que spirituel ou surnaturel.

IV- À RETENIR

> *Le droit étant en constante évolution et extrêmement complexe pour un profane, l'assistance de l'Avocat est primordiale. Il est conseillé, avant tout contentieux ou même avant toute démarche juridique, de recourir aux services d'un Avocat afin de connaître les règles applicables dans le domaine concerné.*

V- QUIZ

1- Répondez par vrai ou faux ($1/2$ pt par bonne réponse)

a) L'avocature est la profession la plus facile et la moins exigeante au monde.

b) Les connaissances particulières aux champs de pratique de l'avocat lui exigent une spécialité.

c) Un avocat doit aussi maîtriser la dialectique, la grammaire et la rhétorique.

d) L'assistance d'un avocat n'est pas primordiale dans les prises de décision de la vie courante.

e) Seuls les comptables font le recouvrement de créances.

2- Utilisez les mots suivants pour compléter les phrases ci-dessous ($1/2$ pt par bonne réponse)

Discipline   respect   représentation   liberté   complice

a) L'Avocat comme étant un professionnel du droit, requiert outre qu'une bonne rhétoricité et de l'audace ; de la courtoisie ; de l'intégrité; de la dignité ; de l'humanité et la ………………………………

b) L'Avocat est avant tout un professionnel du droit aux multiples visages, incarnant la défense, symbolisant la ……………………………… et représente un contrepouvoir, son courage affirme l'indépendance.

c) L'avocat secourt et oriente tout en prenant position mais sans jamais accepter d'être ……………………………… des objectifs de son client.

d) Se faire assister d'un avocat pendant toutes les phases de la procédure judiciaire offre des garanties du ……………………………… des droits et des intérêts de son client.

e) La ……………………………… est pour l'Avocat, une mission d'origine conventionnelle qui lui confie en tant que mandataire, pouvoir et devoir d'accomplir au nom du mandant les actes de la procédure.

3- Faites correspondre les flèches (1 pt par bonne réponse)

a) client   1) symbole visible de la liberté
b) solution amiable   2) mandant
c) avocat   3) représentation
d) connaissances requises 4) entente
e) attributions de l'avocat 5) sciences des mœurs et politique

Résultat : _______/10

FÉLICITATIONS!!!

VI- COMMENTAIRES

1- Quelles étaient vos idées préconçues sur le concept avant la lecture de ce chapitre ?

____
____
____
____
____
____
____

2- Qu'avez-vous appris sur le sujet ?

____
____
____
____
____
____

3- Quelles sont vos réflexions personnelles pour vous aider, soit dans l'application soit dans la compréhension de ce thème ?

____
____
____
____
____
____
____

CHAPITRE XV
LES DROITS DE L'HOMME ET LA PROTECTION SOCIALE

*" Il n'y a plus ni Juif ni Grec, il n'y a plus ni esclave ni libre, il n'y a plus ni homme ni femme, car **tous vous êtes un** en Jésus-Christ "* Galates 3: 28

I- *HISTORICITÉ DE LA SÉCURITÉ SOCIALE*[65]

Tout système social a un début, un parcours et un objectif. La sécurité sociale qui est un système complexe, c'est-à-dire réunissant plusieurs régimes, n'est pas soustraite à cette règle. C'est ce que les quatre points qui suivent nous démontreront.

a)   Définition

Selon Jean Jacques Rousseau, la sécurité sociale est la réparation des conséquences du défaut des structures sociales que la société a violé le contrat, Montesquieu pour sa part, proclame que l'État doit à tous les citoyens une substance assurée, la nourriture, un vêtement convenable et un genre de vie qui ne soit point contraire à sa santé. Robespierre a abordé la question dans le même sens tout en ajoutant que la première loi sociale est celle qui garantit à tous les membres de la société les moyens d'exister et ceci n'est autre que le droit au travail.

Le Petit Larousse illustré définit la sécurité sociale comme un ensemble de mesures législatives et administratives qui ont pour objet de garantir les individus et les familles contre certains évènements appelés risques sociaux. Le feu Me Ernst Trouillot l'a conçue comme la prévention et la réparation des conséquences sociales. La synthèse de toutes ces définitions sur le concept, nous porte à le considérer comme aussi le devoir de survie et de bien-être de l'État envers, chaque personne sur son territoire. Au prime abord, nous avons les acteurs qui sont l'État, le responsable et l'homme, le bénéficiaire. L'État devra poursuivre l'objectif d'assurer la survie et le bien-être de ceux qui vivent à l'intérieur de son territoire. En ce sens, l'État ne peut ne prétendre qu'il souhaite ou pas, subvenir au besoin des risques sociaux des habitants de son espace de souveraineté. La sécurité sociale lui est imposée.

b)   Les concepts de base

Au début, le système était confondu au régime d'assistance sociale. Au cours de l'histoire, ce vocable revêt des masques différents. Il est conçu comme un devoir de charité puis comme une obligation morale avant d'être consacré comme une obligation véritable. Parmi les concepts de base nous citons :

---

[65] *Poteau, Frantz.- Les problèmes de l'assistance sociale en Haïti, une contribution à sa dynamisation, EDSEG, 2002*

1-   La solidarité de proximité

Ce système était pratiqué dans la société féodale pour conjurer le risque de la pauvreté. Ainsi, le fait d'être placé sous le patronage d'un puissant et d'être inscrit dans le réseau familial et du voisinage, assurait une protection contre les risques de l'existence. Cependant, cette forme première d'assistance envers les pauvres dépendait de la domiciliation. Cette exigence signifiait qu'il fallait une place marquée dans la communauté pour être assisté.

2-   La charité

Elle est bien la vertu chrétienne par excellence en référence au Christ et à ceux qui ont su se dépouiller des pesanteurs terrestres pour se rapprocher de Dieu. Pour la religion, la pauvreté était un moyen d'imiter le Christ. Être pauvre, c'est être ouvert particulièrement à la présence de Dieu et ainsi être de plein pied avec le royaume de Dieu. Être pauvre disait elle, c'est déjà viser son propre salut.

Pour ce, l'église faisait de l'aumône un contrat entre le pauvre et le riche sur la base que Dieu a voulu qu'il y ait des pauvres en ce monde, afin que les riches aient une occasion de racheter tous leurs péchés. Dans une autre perspective, les pauvres sont nécessaires au salut des riches par la charité chrétienne.

3-   La sécularisation de la pauvreté

À partir du début du 16e siècle, on a commencé à parler de l'avènement d'une nouvelle politique sociale. Les facteurs de dissociation sociale perceptible depuis au moins deux siècles, s'accusent brutalement en raison d'une conjoncture économique et sociale défavorable. Le geste de charité, s'il n' a pas perdu toute sa dimension chrétienne, a pris une signification résolument sociale. La pauvreté était devenue un problème de société qui relevait comme tel d'une politique.

La pauvreté a fait l'objet d'un large débat public à l'époque. Entre 1522 et le milieu du 16e siècle, une soixantaine de villes européennes ont pris un ensemble de dispositions visant par exemple à ce que la ville prenne en charge la totalité de ses habitants dans le besoin. Ces mesures, élaborées au niveau local seront reprises au national : poor laws anglaise en 1601, ordonnance de Marlins, de février 1556 pour la France.

c)   Évolution de la sécurité sociale

Après les concepts de base qui ont marqué le début de ce système, les évènements qui sont survenus au 18e et au 19e siècle ont fait évoluer grandement le concept pour arriver à son niveau universel.

1-   La vie sociale de l'homme au 18ᵉ et 19ᵉ siècle

Le début du 18ᵉ siècle a annoncé des révolutions qui allaient transformer la vie de l'homme. Au nombre de ces révolutions, il faut mentionner la révolution démographique marquée d'abord par une baisse assez rapide du taux de mortalité, alors que le taux de natalité se maintenait et même progressait. Cette progression au niveau de la natalité était due par la force de la tradition ou de l'ignorance dans la majorité rurale de la population. Nous constaterons plus tard, soit après 1804, une vague émigration vers l'Amérique qui sera déclenchée par un nouvel accroissement de la population de l'Europe.

En dehors de la révolution démographique, le monde connaîtra la révolution industrielle avec toutes ses conséquences sur la main d'œuvre humaine. Toutes ces révolutions nous ont permis de comprendre que l'Europe en particulier, au 18ᵉ siècle, était sur le coup de la misère déguisée et surtout caractérisée par une inégalité sociale dont les gouvernements, à l'exception de la France, étaient consentant. Ces crises socio-économiques ont eu des répercutions sur l'Amérique qui devint le pôle d'attraction en matière d'émigration.

2-   L'ONU et l'expansion mondiale de la sécurité sociale

Si depuis au 16ᵉ siècle, l'assistance sociale qui est un des régimes de la sécurité sociale commençait à être un devoir de l'État, il a fallu attendre trois siècles avant qu'elle soit ce qu'elle est de nos jours. Toute cette expansion mondiale a débuté avec la crise de 1929[66] pour répéter l'historien René Rémond.

À partir de Beveridge, les États se sont révélés régulateurs des richesses sociales pour le système de la sécurité sociale. C'est ainsi que plus tard, à travers des déclarations et des conventions, les institutions internationales vont consacrer cet effort pour le rendre universel.

Les Nations Unies ont adopté la Déclaration Universelle des Droits de l'Homme en 1948. Celle-ci se révèle comme un modèle reconnu de directives des droits de l'homme. L'article 22 de la déclaration exige la sécurité sociale pour chaque citoyen sans distinction. Mais cela ne s'arrête pas là. Les États-Unis entendaient faire mieux par le truchement de l'Organisation Internationale du Travail (O.I.T).

En effet, la conférence générale de l'OIT, réunie à Genève le 4 juin 1952 en sa trente cinquième session, a décidé d'adopter diverses propositions relatives à la norme minimum de la sécurité sociale. Dans cette convention de 81 articles, la conférence a reconnu l'attribution de prestations des soins médicaux (articles 7 à 12-2), de vieillesse (articles 25 à 30), en cas d'accident de travail et de maladies professionnelles (articles 31 à 38), de

---

[66] *Voir annexe # 8 La crise de 1929, p 174*

charges familiales (articles 39 à 45), de maternité (articles 46 à 52), d'invalidité (articles 53 à 58), de survivants (articles 59 à 64).

La convention # 102 était surtout due aux bénéfices des nationaux bien que l'article 68 prône l'égalité de traitement des nationaux et des résidents non-nationaux. Toutefois, il a fallu attendre la quarante sixième session de la convention générale de l'OIT, réunie le 6 juin 1962 à Genève, pour adopter la convention # 108 concernant l'égalité de traitement des nationaux en matière de sécurité sociale.

Haïti en tant que membre des Nations-Unies a reconnu les droits civils et politiques de l'homme de la Déclaration universelle des droits de la personne dans la Constitution du 29 mars 1987. L'État haïtien se fait l'impérieuse obligation en l'article 19 de la même constitution de garantir le droit à la vie, à la santé, à l'éducation, au logement, en somme à tout ce qui relève du respect des droits humains. Quant aux droits socio-économiques et culturels, là encore la constitution de 1987 une vraie copie des législations étrangères, fait d'Haïti un pays où la sécurité sociale est très développée théoriquement rien qu'à la lecture des articles 23, 32 – 33, 35 de la Constitution.

3-   Les régimes les plus communs de protection sociale

L'assistance sociale ou l'aide sociale est le secours apporté par les collectivités publiques aux personnes dont les ressources sont insuffisantes. Elle prend diverses formes : aide médicale, aide aux personnes âgées, aide aux personnes handicapées, aide à l'enfance etc…

L'assistance sociale est basée sur le principe des cotisations individuelles payées par les travailleurs et les employeurs. Ce sont les impôts locaux ou nationaux qui servent à financer les divers programmes, lesquels fournissent des prestations attribuées de droit lorsque les conditions prescrites en matière de besoin sont satisfaites.

Contrairement à l'assistance, l'assurance sociale est l'opération par laquelle une partie, l'assurée, se fait remettre une rémunération pour lui ou pour un tiers, en cas de réalisation d'un risque, une prestation par une autre personne, l'assurée qui, prenant en charge d'un ensemble de risques, les compense conformément à la loi de statistique. Il faut dire qu'en matière de sécurité sociale, il y a plusieurs méthodes d'assurances : assurance décès, assurance invalidité, assurance maladie, assurance maternité, assurance personnelle pour ne citer que celles-ci. La gestion des régimes des assurances sociales dépend des trois partenaires sociaux : les travailleurs, les employeurs et l'État. Il convient de faire remarquer que la solidarité ouvrière joue un rôle déterminant dans la conception, l'instauration et le fonctionnement du système.

II- HISTORICITÉ DES DROITS DE L'HOMME[67]

C'est quoi les droits de l'homme au fait et comment ce concept a fait son chemin à travers le temps et pour être classifié enfin en quatre grandes générations de nos jours ?

a) Définition

Les droits de l'homme, parfois appelés droits humains ou droits de la personne, sont un concept à la fois philosophique, juridique et politique, selon lequel tout être humain possède des droits universels, inaliénables, quel que soit le droit positif en vigueur ou d'autres facteurs locaux tels que l'ethnie, la nationalité ou la religion.

Selon ce concept, tout être humain — en tant que tel et indépendamment de sa condition sociale — a des droits « inhérents à sa personne, inaliénables et sacrés », et donc opposables en toutes circonstances à la société et au pouvoir. Ainsi, le concept de droits de l'homme est par définition universaliste et égalitaire, incompatible avec les systèmes et les régimes fondés sur la supériorité en dignité d'une caste, d'une race, d'un peuple, d'une classe ou d'un quelconque groupe social ou individu par rapport à un autre ; incompatible tout autant avec l'idée que la construction d'une société meilleure, justifie l'élimination ou l'oppression de ceux qui sont censés faire obstacle à cette édification.

b) Évolution des droits de l'homme

« Il est difficile d'identifier avec précision les origines de la philosophie des droits de l'homme. Le regard de l'observateur est en effet assez mécaniquement obscurci par une forme historique qui le pousse à voir rétrospectivement dans des textes anciens des expressions de cette philosophie ». Ainsi, le cylindre de Cyrus est souvent mentionné anachroniquement comme la « première charte des droits de l'homme ». Gravé dans l'argile à la demande de Cyrus le Grand après sa conquête de Babylone en -539, ce document fut redécouvert en 1879 et traduit en 1971 par l'Organisation des Nations Unies dans toutes ses langues officielles.

Le cylindre décrète les thèmes normaux de la règle persane : tolérance religieuse, abolition de l'esclavage, liberté de choix de profession et expansion d'empire. Il se situe dans la tradition mésopotamienne présentant l'idéal du roi juste, dont le premier exemple connu est celui du roi Urukagina de Lagash, ayant régné au XXIVe siècle av. J.-C., et dont un autre représentant illustre est Hammourabi de Babylone, avec son code datant du XVIIIe siècle av. J.-C.

L'inscription de Cyrus présente pourtant quelques caractères novateurs, notamment sur les décisions concernant la religion. Ce document retrace les événements ayant précédé la prise de Babylone, puis expose les décisions de Cyrus le Grand pour les Babyloniens : il règne pacifiquement, délivre certaines personnes de corvées considérées comme injustes, il octroie aux gens déportés le droit de retour dans leur pays d'origine et laisse les statues de divinités autrefois emmenées à Babylone revenir dans leurs sanctuaires d'origine. Il proclame la liberté totale de culte dans son empire.

Les droits de l'homme, tels qu'ils sont apparus dans l'histoire européenne et tels qu'ils se sont ensuite généralisés au monde entier à travers les organisations internationales, tirent plus particulièrement leur origine, selon Mgr Mamberti, de l'édit de Milan, application concrète des enseignements du Christ et de saint Paul[15][source insuffisante]. Cet édit de tolérance a été promulgué en 313 par l'empereur romain Constantin Ier afin d'autoriser la liberté de culte aux chrétiens. La liberté de religion et de conscience sont en effet les premiers des droits de l'homme.

c)   Les générations de droits de l'homme

Les chercheurs ont reparti les droits de l'homme en quatre générations qui seront succinctement évoquées.

1-   La première génération

La première génération est celle des droits de l'homme « civils et politiques ». Les premières revendications trouvent leur inspiration dans le libéralisme. Elles concernent principalement la liberté, la sûreté, la propriété et la résistance à l'oppression (déclaration de 1789), qui sont des droits d'émancipation vis-à-vis d'un État souvent oppresseur. Ces premiers droits, « contre l'État » - toujours classés comme droits de première génération - sont opposables à l'État qui ne peut agir en un sens contraire pour limiter ou supprimer ce que l'on considère comme des « droits-liberté ». Historiquement, ces droits, déjà embryonnaires dans la Constitution coutumière anglaise, se sont développés à la fin du XVIIIe siècle et ont été reconnus lors des révolutions américaine (1787) et française (1789).

Classiquement, on distingue :
- Les libertés individuelles : qui consistent pour chaque individu « à pouvoir faire tout ce qui ne nuit pas à autrui ». On peut compter parmi ces dernières :

la liberté physique, dont en premier lieu le droit à la vie, puis l'interdiction de l'esclavage, l'interdiction de la torture et des peines inhumaines ou dégradantes et l'interdiction de la détention arbitraire (Habeas corpus) appelée aussi sûreté (Montesquieu) ;

- Les libertés familiales (liberté du mariage, filiation, et aujourd'hui vie privée) ; la propriété privée (assimilée par la Déclaration de 1789 à un droit naturel et imprescriptible de l'homme, articles 2 et 17) ;

- La liberté contractuelle (article 1134 du Code civil français).

- Les libertés politiques, c'est-à-dire
  - le droit de vote ;
  - le droit de résistance à l'oppression ;
  - le droit de réunion pacifique...
  - Elles recouvrent entre autres les libertés des cultes, de conscience, de l'enseignement, de communication, d'association, etc.

2- La deuxième génération

La deuxième génération consacre les droits « économiques et sociaux ». Il est cette fois question de dignité et de bien-être (éducation, santé, etc.), qui sont des droits sur l'État, inspirés du socialisme au sens large.

Les droits de la deuxième génération sont des droits qui nécessitent l'intervention de l'État pour être mis en œuvre. L'individu, contrairement à l'hypothèse des droits de résistance, est ici en mesure d'exiger de l'État une certaine action. On les nomme aussi classiquement les « droits-créances », que l'État doit, en retour d'un abandon d'une part de la liberté de ses citoyens. Ce sont aussi les droits sociaux. La notion apparaît à la suite des luttes socialistes, et elle est aujourd'hui considérée comme part entière de l'État de droit.

Historiquement, la plupart de ces droits ont été reconnus au lendemain de la Seconde Guerre mondiale. Néanmoins le droit au travail ainsi qu'à la protection sociale était revendiqué dès le début de la Révolution française de 1789, et inscrit dans la loi du 19 mars 1793[21], qui affirmait : « Tout homme a droit à sa subsistance par le travail s'il est valide ; par des secours gratuits s'il est hors d'état de travailler. Le soin de pourvoir à la subsistance du pauvre est une dette nationale ». De même, l'article 21 de la Déclaration des droits de l'homme et du citoyen de 1793 affirme : « Les secours publics sont une dette sacrée. La société doit la subsistance aux citoyens malheureux, soit en leur procurant du travail, soit en assurant les moyens d'exister à ceux qui sont hors d'état de travailler ». Il inspira par la suite la création des Ateliers nationaux, sous la direction de Louis Blanc, durant la Seconde République.

On peut en donner une liste non exhaustive :
- droit au travail ;
- droit à la sécurité sociale ;

- droit à l'éducation ;
- droit de grève (1864) ;
- liberté syndicale (loi Waldeck-Rousseau du 21 mars 1884).

Il existe un certain conflit entre les droits contre l'État et les droits sur l'État, qui recouvre l'opposition entre deux conceptions des droits de l'homme, la conception libérale et la conception socialiste.

Les partisans, libéraux, des droits résistance qualifient fréquemment les droits créance de faux droits, car l'État ne peut satisfaire les droits de deuxième génération des uns qu'en imposant à d'autres de le faire, ce qui viole leurs droits de première génération. On cite souvent comme exemple le droit au logement (de seconde génération) qui s'oppose au droit de propriété (de première génération).

Ce conflit ne doit pas être confondu avec celui des droits de même génération. Ainsi, le droit à la liberté d'expression trouve sa limite dans le droit à ne pas être injurié ni diffamé, limite explicitement, affirmée dans l'article 11 de la Déclaration des droits de l'homme et du citoyen de 1789.

La Déclaration universelle des droits de l'homme (1948), qui affirme par exemple le « droit à la sécurité sociale » (art. 22) ainsi que le « droit au travail » (art. 23) et à l'éducation (art. 26), est accompagnée de deux pactes internationaux des Nations unies relatifs aux droits civils et politiques (première génération) et aux droits économiques, sociaux et culturels (deuxième génération) (16 décembre 1966). Ces deux pactes ont rarement été signés tous les deux ensemble. Les pays du Bloc de l'Ouest signaient plus volontiers le premier tandis que ceux du Bloc de l'Est signaient le second.

En France, le Conseil constitutionnel n'admet pas une hiérarchisation de ces deux catégories de droits, puisqu'il est amené à concilier, plus que faire prévaloir l'une sur l'autre, ces deux générations, même si en pratique cela l'amène à avoir une préférence pour l'application des droits de la première génération.

3-   La troisième génération

Cette troisième génération recouvre des droits imparfaitement définis (dans leur contenu) et parfois mal acceptés. Les critiques adressées à la dernière génération, fondent l'émergence d'une nouvelle expression des droits : ainsi, en a-t-il été au XIXe siècle, pour les droits des femmes et au XXe siècle pour les droits de la seconde génération, jusque dans les années 1970-1980, des oppositions minoritaires perdurent encore, mais la quasi-totalité des juristes tiennent ces droits pour acquis.

On parle ainsi des droits suivants :

- les droits environnementaux ;
- le droit au développement ;
- le droit au partage du patrimoine commun de l'humanité ;
- le droit à la différence ;
- le droit des peuples autochtones ;
- le droit des minorités.

4-   La quatrième génération

La quatrième génération semble l'expression de doctrines isolées qui ne font pas consensus sur leur contenu ou leur existence. On trouve ponctuellement l'évocation d'une quatrième génération des droits dont le contenu peut varier très fortement. Elle peut comprendre des prérogatives au profit des personnes faibles telles que les enfants, les personnes âgées ou handicapées.

Le contenu de ces générations n'est pas clair et n'est pas consacré dans un grand texte comme le sont les droits des deux premières générations. Les théories reprennent certains droits de la troisième génération pour les mettre dans la quatrième (droit de l'environnement, bioéthique, etc.), la différence étant, pour eux, que les droits des trois premières générations s'attacheraient à l'homme vivant en société (avec un glissement de la liberté vers l'égalité matérielle), tandis que les droits de la quatrième seraient des droits rattachés à l'être humain en tant qu'espèce. Ces nouveaux droits concernent essentiellement les droits des individus appelés aussi droits subjectifs par opposition aux droits liés aux exigences de la vie collective appelés droits objectifs.

III-   LES PRINCIPES DE PROTECTION SOCIALE DANS LA BIBLE

a)   La récolte en Israël

" Quand vous ferez la moisson dans votre pays, tu laisseras un coin de ton champ sans le moissonner, et tu ne ramasseras pas ce qui reste à glaner. Tu ne cueilleras pas non plus les grappes restées dans la vigne, et tu ne ramasseras pas les grains qui sont tombés. Tu abandonneras cela au pauvre et à l'étranger. Je suis l'Éternel, votre Dieu"
Lévitique 19 : 9, 10

" Quand vous ferez la moisson dans votre pays, tu laisseras un coin de ton champ sans le moissonner, et tu ne ramasseras pas ce qui reste à glaner. Tu abandonneras cela au pauvre et à l'étranger. Je suis l'Éternel, votre Dieu"
Lévitique 23 : 22

De l'assistance sociale
Cette protection sociale couvrait particulièrement les pauvres et les étrangers en vue de leur faciliter la survie. C'est grâce à ce programme d'assistance sociale que Ruth, l'étrangère, à son arrivée en Israël accompagnée de Naomi, a pu trouver de quoi se nourrir et prendre soin de sa belle mère (Ruth 2 :2).

L'assistance sociale est actuellement l'un des régimes de la sécurité sociale. Elle est une forme d'aide aux démunis ou aux plus faibles de la société. Les bénéficiaires, en conséquence, ne cotisent pas à son fonctionnement, contrairement au régime d'assurance sociale où les bénéficiaires qui sont des travailleurs, sont obligés d'y contribuer.

b)   Les années jubilées, libération des esclaves après 7 ans

" Si ton frère devient pauvre près de toi, et qu'il se vende à toi, tu ne lui imposeras point le travail d'un esclave. Il sera chez toi comme un mercenaire, comme celui qui y demeure ; il sera à ton service jusqu'à l'année de jubilé. Il sortira alors de chez toi, lui et ses enfants avec lui, et il retournera dans sa famille, dans la propriété de ses pères. Car ce sont mes serviteurs, que j'ai fait sortir du pays d'Egypte ; ils ne seront point vendus comme on vend des esclaves. Tu ne domineras point sur lui avec dureté, et tu craindras ton Dieu "
Lévitique 25 : 39 à 43

De l'entraide sociale
Ce programme est similaire à la solidarité de proximité, la forme de sécurité sociale pratiquée depuis l'Antiquité. Avant l'indépendance en 1804, les petits blancs venus de la France exerçaient cette pratique. On les appelait " des engagés" ou " trente six mois," car ils étaient vendus comme esclaves à un grand propriétaire pour une durée de trois ans. À leur libération, ils partaient avec de quoi pour se prendre en charge personnellement sur le plan financier.

c)   Vœu de prospérité

" Bien-aimé, je souhaite que tu prospères à tous égards et sois en bonne santé, comme prospère l'état de ton âme. "
3 Jean 2

Le droit à la santé
Ici, le droit à la santé est primordial selon l'auteur du livre de 3 Jean. Montesquieu a compris la sécurité sociale de ce point de vue aussi. D'ailleurs, il l'a *proclamé que l'État doit à tous les citoyens une substance assurée, la nourriture, un vêtement convenable et un genre de vie qui ne soit point contraire à sa santé.*

d)   Entraide des frères

" Si ton frère devient pauvre, et que sa main fléchisse près de toi, tu le soutiendras ; tu feras de même pour celui qui est étranger et qui demeure dans le pays, afin qu'il vive avec toi "
Lévitique 25 : 35

De la solidarité de proximité

Si dans Lévitique 25:39–43 cette solidarité était seulement pratiquée entre frères israélites mais au verset 35, elle incluait les étrangers moyennant qu'ils séjournent en Israël. Il en est de même de *la convention # 102 qui était surtout due aux bénéfices des nationaux. Toutefois, celle # 108 de la quarante sixième session de la convention générale de l'OIT, réunie le 6 juin 1962 à Genève a consacré l'égalité de traitement des nationaux en matière de sécurité sociale.*

e)   Ne vous inquiétez de rien

"C'est pourquoi je vous dis : Ne vous inquiétez pas pour votre vie de ce que vous mangerez, ni pour votre corps, de quoi vous serez vêtus. La vie n'est-elle pas plus que la nourriture, et le corps plus que le vêtement ?
Regardez les oiseaux du ciel : ils ne sèment ni ne moissonnent, et ils n'amassent rien dans des greniers ; et votre Père céleste les nourrit. Ne valez vous pas beaucoup plus qu'eux ?
Qui de vous, par ses inquiétudes, peut ajouter une coudée à la durée de sa vie ?
Et pourquoi vous inquiétez au sujet du vêtement ? Considérez comment croissent les lis des champs : ils ne travaillent ni ne filent ; cependant je vous dis que Salomon même, dans toute sa gloire, n'a pas été vêtu comme l'un d'eux.
Si Dieu revêt ainsi l'herbe des champs, qui existe aujourd'hui et qui demain sera jetée au four, ne vous vêtira t-il pas à plus forte raison, gens de peu de foi ?
Ne vous inquiétez donc point, et ne dites pas : Que mangerons-nous ? Que boirons-nous ? De quoi serons-nous vêtus ?
Car toutes ces choses, ce sont les païens qui les recherchent. Votre Père céleste sait que vous en aurez besoin".
Mathieu 6 : 25 - 32

f)   Au jardin d'Eden, Dieu a tout créé avant pour le bien-être et l'environnement de l'homme

Genèse 1 et 2

g)   Cherchez premièrement le royaume et les autres comme par-dessus

" Cherchez plutôt le royaume de Dieu ; et toutes ces choses vous seront données par-dessus"
Luc 12 : 31

De la responsabilité d'une autorité
Il est de principe que la sécurité sociale est une obligation de l'État. Là où les autorités sont responsables, la population n'a pas à se soucier de sa survie ni de son bien-être, car il est du devoir des gouvernants d'apporter la solution à ce problème.

Dieu en tant qu'un père responsable a pourvu à tous les besoins de l'homme avant même de le créer. Il connaît nos risques, manquements, besoins, vides et en a fait provision pour nous les prendre en charge au moment convenable.

h) David, je n'ai jamais vu un juste quémander son pain ni sa postérité abandonné

" J'ai été jeune, j'ai vieilli ; et je n'ai point vu le juste abandonné, ni sa postérité mandant son pain " Psaumes 37 : 25

Preuve de l'autorité responsable
David nous met en défi de trouver des failles dans le programme d'assistance de Dieu. Car le juste n'est jamais abandonné. La seule condition de participation à cette protection sociale est le fait d'être juste ou d'être en conformité aux exigences de Dieu.

i) Prendre soin des siens, sinon c'est un péché

" Si une veuve a des enfants ou des petits-enfants, qu'ils apprennent avant tout à exercer la piété envers leur propre famille, et à rendre à leurs parents ce qu'ils ont reçu d'eux ; car cela est agréable à Dieu.
Si quelqu'un n'a pas soin des siens et principalement de ceux de sa famille, il a renié la foi, et il est pire qu'un infidèle " 1 Timothée 5 : 4, 8

Assurance vieillesse familiale
La Bible conseille aux jeunes de prendre soin de leurs proches parents. Au soir de leur vie, quand la vieillesse surgit, les vieux ont besoin d'être assurés qu'ils seront pris en charge mais non abandonnés dans un coin. C'est le devoir de la famille. Et si jamais une veuve n'a pas de postérité ; l'église qui est sa famille élargie doit voler à son secours.

j) Paresseux, ne mange pas, il faut travailler

" Son maître lui répondit : Serviteur méchant et paresseux, tu savais que je moissonne où je n'ai pas semé, et que j'amasse où je n'ai pas vanné ; il te fallait donc remettre mon argent aux banquiers, et, à mon retour, j'aurais retiré ce qui est à moi avec un intérêt.
Ôtez-lui donc le talent, et donnez-le à celui qui a les dix talents. Car on donnera à celui qui a, il sera dans l'abondance, mais à celui qui n'a pas on ôtera même ce qu'il a.
Et le serviteur inutile, jetez-le dans les ténèbres du dehors, où il y aura des pleurs et des grincements de dents. Mathieu 25 : 26 - 30

Le droit au travail

Pour Robespierre, en vue de sortir de l'assistanat, il faut *garantir à tous les membres de la société les moyens d'exister et ceci n'est autre que le droit au travail.* La Bible épouse cette façon de voir et encourage les jeunes de travailler, non seulement pour se nourrir, mais pour préparer leur demain. Dieu a en horreur les paresseux. Il est écrit si quelqu'un ne veut pas travailler, qu'il ne mange pas non plus 2 Thessaloniciens 3:10. Contre le paresseux, la Bible donne tout un long enseignement. Nous allons nous borner seulement à énumérer quelques passages : Proverbes 6 : 6, 9 ; 10 : 26 ; 12 : 27 ; 13 : 4 ; 15 : 19 ; 19 : 24 ; 20 : 4 ; 21 : 25 ; 22 : 13 ; 24 : 30 ; 26 : 13 à 17 ; Matthieu 25 : 26 ; 2 Timothée 2 : 6 ; 2 Thessaloniciens 3 : 8 à 12.

IV- APPLICATION

Il y a lieu, d'une part, avant de clore ce chapitre, de jeter un regard critique sur le doute de la moralité de certains acquis des droits de l'homme. Plus d'un se pose la question à savoir les droits de l'homme rendent-ils la société perverse par son esprit d'ouverture et ses exigences de respect de droit de tous ? Au nom de la lutte pour l'égalité du genre, les féministes ont obtenu la dépénalisation de l'adultère en Haïti et le vote de la loi sur la paternité responsable qui ne garantit plus la stabilité de la famille. Au nom des droits de l'homme, le mariage pour tous est accepté dans les pays occidentaux. Qu'en est-il de la moralité des droits de l'homme ? Nous l'avions dit au premier chapitre de cet ouvrage que les principes fondamentaux du Droit ne sont pas contraires à la volonté de Dieu. Mais les déviances du Droit que nous adoptons comme loi peuvent l'être. Du temps de Jésus, n'avait-il pas pointé du doigt la dureté des cœurs des pharisiens et des sadducéens qui leur a permis de modifier la loi à leur manière (Matthieu 19 : 7, 8). Paul d'ajouter que *la loi donc est sainte, et le commandement est sain, juste et bon. Ce qui est bon a-t-il donc été pour moi une cause de mort ? Loin de là ! Mais, c'est le péché* ... (Romain 1 : 21) ou la convoitise de leur cœur.

Paul a renchéri : " *puisque ayant connu Dieu, ils ne l'ont point glorifié comme Dieu, et ne lui ont point rendu grâces ; mais ils se sont égarés dans leurs pensées, et leur cœur sans intelligence a été plongé dans les ténèbres. Se vantant d'être sages, ils sont devenus fous ; ...*
C'est pourquoi Dieu les a livrés à l'impureté, selon les convoitises de leurs cœurs ; en sorte qu'ils déshonorent eux-mêmes leurs propres corps ; ...

C'est pourquoi Dieu les a livrés à des passions infâmes : car leurs femmes ont changé l'usage naturel en celui qui est contre nature ; et de même les hommes, abandonnant l'usage naturel de la femme, se sont enflammés dans leurs désirs les uns pour les autres, commettant homme avec homme des choses infâmes, et recevant en eux-mêmes le salaire que méritait leur égarement '' (Romains 1 : 21 à 27).

D'autre part, il faut comprendre que le système de la protection sociale a des implications directes sur la sécurité publique. Les connaisseurs savent qu'un bon programme de sécurité sociale est la meilleure stratégie pour combattre l'insécurité dans un pays. D'ailleurs, l'ex-DG de la PNH, monsieur Michel-Ange Gédéon, l'a affirmé dans ses propos devant le Parlement. Le passage de Lévitique 25 : 18[68] confirme l'équation qui veut qu'un besoin satisfait sur le temps engendre la satisfaction alors que dans le cas inverse, il produit la frustration qui conduira à l'insécurité. La Bible est claire là-dessus, la sécurité dans un pays est le fruit de l'observance des principes de sécurité sociale.

V- À RETENIR

La sécurité sociale est le devoir de survie et de bien-être de l'État envers chaque personne sur son territoire. La protection sociale a des implications directes sur la sécurité publique. En effet, un besoin satisfait sur le temps engendre la satisfaction alors que dans le cas inverse, il produit la frustration qui conduira à l'insécurité.

Les droits de l'homme, parfois appelés droits humains ou droits de la personne, sont un concept à la fois philosophique, juridique et politique, selon lequel tout être humain possède des droits universels, inaliénables, quel que soit le droit positif en vigueur ou d'autres facteurs locaux tels que l'ethnie, la nationalité ou la religion.

VI- QUIZ

1- Répondez par vrai ou faux (1/2 pt par bonne réponse)

a) Robespierre a accentué sur le droit à la santé en abordant le concept de sécurité sociale.

b) Au début le système de protection sociale était confondu au régime d'assistance sociale.

c) L'ère de la Renaissance a eu des impacts sur la pratique de la charité chrétienne.

d) Les droits civils et politiques constituent la première génération des droits de l'homme.

e) En Israël, il n'y avait aucune pratique de sécurité sociale.

2- Utilisez les mots suivants pour compléter les phrases ci-dessous (1/2 pt par bonne réponse)

Domiciliation   2e génération   sécurité publique   législatives   politique

---

[68] *Mettez mes lois (de sécurité sociale) en pratique, observez mes ordonnances et mettez-les en pratique ; et vous habiterez en sécurité dans le pays (Lévitique 25 : 18)*

a) La sécurité sociale est un ensemble de mesures .... et administratives qui ont pour objet de garantir les individus et les familles contre certains évènements appelés risques sociaux.

b) La solidarité de proximité, cette forme première d'assistance envers les pauvres dépendait de ....

c) Au 16e siècle, la pauvreté était devenue un problème de société qui relevait comme tel d'une ....

d) La .... consacre les droits économiques et sociaux.

e) Le système de la protection sociale a des implications directes sur la ....

3- Faites correspondre les flèches (1 pt par bonne réponse)

a) sécurité sociale	1) pratiquée au Moyen -Age
b) charité chrétienne	2) protection contre risques sociaux
c) risques sociaux	3) programme pour les démunis de la société
d) 3e génération	4) droits de l'environnement
e) assistance sociale	5) vieillesse et accident de travail

Résultat : ______/10

FÉLICITATIONS!!!

VII- COMMENTAIRES

1- Quelles étaient vos idées préconçues sur le concept avant la lecture de ce chapitre ?

____
____
____
____
____
____
____

2- Qu'avez-vous appris sur le sujet ?

____
____
____
____

3-   Quelles sont vos réflexions personnelles pour vous aider, soit dans l'application
      soit dans la compréhension de ce thème ?

CHAPITRE XVI
LA FISCALITÉ ET LA DÎME

*" Apportez à la maison du trésor toutes les **dîmes**, afin qu'il y ait de la nourriture dans ma maison; "* Malachie 3: 10 a

I-   DE LA FISCALITÉ

Dans quel que soit le domaine, ce sujet n'est pas tellement apprécié chez la majorité des citoyens. Le contribuable tend partout à la fraude fiscale. Que disent le Droit et la Bible au sujet de la fiscalité ?

a)   Définition

La fiscalité désigne l'ensemble des règles, des lois et des mesures qui régissent le domaine fiscal d'un pays. Définie autrement, la fiscalité se résume aux pratiques utilisées par un État ou une collectivité pour percevoir des impôts et autres prélèvements obligatoires.

b)   Mécanisme de rentrée pour l'État

Il existe quatre types de fiscalité en France. La première est la *fiscalité d'État*. Elle comprend l'impôt sur le revenu (IR), l'impôt sur les sociétés (IS) ou impôts sur les bénéfices, l'impôt de solidarité sur la fortune (ISF), la taxe sur la valeur ajoutée (TVA) , la taxe intérieure sur les produits pétroliers (TIPP). La deuxième est la *fiscalité locale*, qui permet de financer les collectivités territoriales (communes, départements et régions). Elle dénombre quatre impôts : la taxe d'habitation, la taxe foncière sur les propriétés bâties, la taxe foncière sur les propriétés non bâties et la taxe professionnelle. Le troisième type de fiscalité regroupe les prélèvements sociaux, avec les cotisations sociales et les impôts et taxes affectés (CSG et CRDS). Quatrième forme de fiscalité : le *bouclier fiscal*. Entré en vigueur le 1er janvier 2007, il a permis de limiter le prélèvement global des ménages les plus aisés. Nous n'avons pas autant de types de fiscalité en Haïti, mais certains sont communs.

c)   Importances de la fiscalité

La fiscalité joue un rôle déterminant dans l'économie d'un pays. Elle participe en effet au financement des besoins de ce dernier et est à l'origine des dépenses publiques (travaux autoroutiers, constructions de bâtiments publics...). De plus, la politique économique d'un pays possède une grande influence sur la fiscalité avec le pouvoir de taxer davantage certains agents économiques ou, au contraire, de défiscaliser certaines opérations.

II- L'ARGENT DANS LE ROYAUME DE DIEU

Même si le royaume de Dieu est spirituel ; cela ne sous-entend pas qu'on n'utilise pas une unité monétaire. Le pasteur Gregory Toussaint du Tabernacle de Gloire a développé un rhéma à savoir : la foi est cette monnaie qui permet au chrétien de faire des transactions dans le monde invisible céleste. Cependant, sur terre, le mécanisme de l'argent n'est pas négligé dans les affaires de Dieu.

a) Mécanisme de recouvrement

Cela se fait à travers les dîmes, les offrandes, les dons, les prémices. La Bible fait office en cette matière de code fiscal pour réglementer ces taxes et impôts.

Au sujet de la dîme, c'est le principe de dix pour cent sur toutes les rentrées (2 Chroniques 31 : 5). C'est une obligation. Elle n'est pas volontaire, car c'est une dette. C'est pourquoi en parlant de la dîme, la Bible utilise fort souvent le verbe payer. La dîme est un principe financier, elle ne rend pas spirituel son pratiquant (Matthieu 23 : 23 ; Luc 11 : 42 ; 18 : 10 - 14). La fraude en matière de dîme est considérée comme tromper Dieu (Malachie 3 : 8).

Pour le présent moment, les offrandes financières sont volontaires tout comme le don (Amos 4 : 5 ; Esdras 1 : 4 – 6 ; 2 : 68 ; 3 : 5 ; 8 : 28 ;) mais dans l'Ancien Testament, il y avait tout un tas de rituels sur les offrandes de tous types. Ce type d'offrande sacrificielle n'est plus de mise car Jésus l'a fait une fois pour toute à notre place (Ephésiens 5 : 2). Il ne reste que la pratique des offrandes en argent (Actes 24 : 17 ; 1 Chroniques 21 : 23, Exode 23 : 3). Même si la pratique de l'offrande est volontaire, mais pour plaire à Dieu, elle doit être faite selon certaines conditions (Luc 21 : 1 – 4 ; Matthieu 5 : 23, 24 ; Exode 35 : 21).

Les dons étaient des libéralités que les premiers chrétiens pratiquaient en signe de solidarité et d'entraide (1 Corinthiens 16 : 3). Ils nous ont appris que les libéralités peuvent se faire même dans le minimum (2 Corinthiens 8 :2). Elles doivent être faites sans contrainte et dans la joie (2 Corinthiens 9 : 7)

Enfin, les prémices sont les premiers de tout. Elles ont été instituées par Dieu (Exode 22 : 29 ; 34 : 26).

Les versets suivants sont parmi ceux qui traitent de ces types de fiscalité (Hébreux 7 : 2 – 9 ; Néhémie 10 : 37, 38 ; 12 : 44 ; 13 :5, 12 ; 2 Chroniques 31 : 6, 12 ; Deutéronome 12 : 6, 11, 17 ; 14 ; 22 – 28 ; 26 : 12 ; Nombres 18 : 21, 24, 26, 28, 30 ; Lévitique 27 : 30 – 32 ; Genèse 14 : 20 ; 28 : 22).

b) Importances

1- Il permet l'entretien des sacrificateurs qui étaient au service perpétuel de Dieu
2- Il permet que la maison de Dieu ait constamment de la nourriture. C'était un lieu de ravitaillement pour les plus faibles (2 Rois 4 : 38 – 44) C'est une sorte de magasin communautaire.

3- C'est une preuve d'obéissance à une ordonnance de Dieu et de marque d'amour envers Dieu, car celui qui l'aime garde ses commandements. De plus, le cœur est toujours lié au trésor (Matthieu 6 : 21). On investit dans ce qu'on aime.

4- C'est le moyen par excellence par lequel Dieu nous bénit en vertu de la loi de la semence (Malachie 3 : 10).

Tout est déjà à lui y compris l'or et l'argent (Aggée 2 :8). Nous recevons de lui tout ce que nous possédons. En les mettant à sa disposition, l'entraide et l'union fraternelle facilitent le développement. Les gouvernements se sont inspirés du principe de la dîme qui est une dette obligatoire pour développer les taxes et les impôts et faire le développement de leur pays.

III- APPLICATION

En matière de bénédictions financières, Dieu utilise la loi de la semence pour faire prospérer ses enfants et tous ceux qui acceptent de pratiquer ces principes. Il y a toujours plus de bonheur à donner qu'à recevoir (Actes 20 :34). Vous devez toujours donner quelque chose en termes d'investissement avant que Dieu vous bénisse financièrement en le faisant multiplier ou faire des profits.

IV- À RETENIR

> *La fiscalité se résume aux pratiques utilisées par un État ou une collectivité pour percevoir des impôts et autres prélèvements obligatoires.*

V- QUIZ

1- Répondez par vrai ou faux ($1/2$ pt par bonne réponse)
a) Les contribuables aiment payer leurs taxes et impôts.
b) La fiscalité en Droit s'occupe des prélèvements obligatoires au profit de l'Etat.
c) L'impôt sur les sociétés est une fiscalité locale.
d) La politique exerce de grandes influences sur la fiscalité.
e) La fraude fiscale est une infraction.

2- Utilisez les mots suivants pour compléter les phrases ci-dessous ($1/2$ pt par bonne réponse)

Économique   ensemble   locale   fiscalité   financement

a) La .... joue un rôle déterminant dans l'économie d'un pays.
b) La politique .... d'un pays possède une grande influence sur la fiscalité.

c) La fiscalité participe en effet au .... des besoins de ce dernier et est à l'origine des dépenses publiques.

d) La fiscalité ...., qui permet de financer les collectivités territoriales.

e) La fiscalité désigne l'........................... des règles, lois et mesures qui régissent le domaine fiscal d'un pays.

3- Faites correspondre les flèches (1 pt par bonne réponse)

a) fiscalité   1) taxer ou défiscaliser
b) recette   2) collectivités territoriales
c) fiscalité nationale   3) impôt
d) influence politique   4) impôt sur le revenu
e) fiscalité locale   5) rôle de la fiscalité

Résultat : ______/10

FÉLICITATIONS!!!

VI- COMMENTAIRES

1- Quelles étaient vos idées préconçues sur le concept avant la lecture de ce chapitre ?

____
____
____
____
____
____

2- Qu'avez-vous appris sur le sujet ?

____
____
____
____
____
____

3- Quelles sont vos réflexions personnelles pour vous aider, soit dans l'application soit dans la compréhension de ce thème ?

____
____
____
____
____
____

PARTIE IV
LE DROIT COMPLÉTÉ PAR LA BIBLE

À travers cette partie de l'ouvrage, nous allons démontrer la relation de complémentarité qui existe entre ces deux domaines. Elle comprend deux chapitres. Le premier traitera des opinions diverses du Droit et de la Bible sur certains sujets. Le second, mettra en parallèle certains comportements prévus en droit pénal qui sont aussi réprimés par la Bible.

CHAPITRE XVII
OPINIONS DIVERSES DU DROIT ET DE LA BIBLE SUR CERTAINS SUJETS
*" ... en fuyant la **corruption** qui existe dans le monde par la convoitise. "* Pierre 1: 4

I-   DE L'ADMINISTRATION PUBLIQUE

Au regard de l'article 234 de la Constitution, l'administration publique est définie comme étant l'instrument par lequel l'État concrétise ses missions et objectifs. C'est donc le bras technique de l'exécutif qui lui permet d'exécuter ses projets. Ceux qui y travaillent sont appelés fonctionnaires. Ils intègrent l'État par la voie de concours et sont sujets à la carrière. Cela sous-entend qu'ils peuvent commencer au plus bas de l'échelle et terminent à leur retraite au dernier échelon ; il suffit pour eux d'avoir les expériences et les connaissances requises.

Dans la Bible, l'église est considérée comme l'administration publique du royaume. C'est à travers elle que Dieu exécute pour le présent moment son plan de salut par l'évangélisation (Romains 10 : 5 ; Jean 17 : 18 ; Matthieu 28 : 19). Les responsables sont les cadres et les simples membres, tous constituent les fonctionnaires du royaume que Dieu a appelés à son service chacun en son rang. Avec l'aide du Saint Esprit, un simple frère peut devenir un grand leader. L'église dans son ensemble est une assemblée de sacrificateurs (1 Pierre 2 : 9) par le principe de la carrière. C'est pourquoi, il n'est pas encouragé à ce qu'un nouveau converti occupe des positions élevées au sein de l'administration (1 Timothée 3 : 6) pour éviter son échec. Cette administration (l'église) encourage la carrière, l'expertise, l'expérience et la compétence.

II-   DE LA CORRUPTION

La corruption est devenue le fléau du temps moderne. Malgré l'existence de nombreuses institutions tant nationales qu'internationales dans la lutte contre ce phénomène qui ronge le denier public ; les résultats sont loin d'être satisfaisants. Sous pression du GAFIC, Haïti a voté le 12 mars 2014, une loi sur la corruption. Jusqu'à date, les principales infractions entrant dans ce champ spécialisé sont inconnues du grand public[69], du monde judiciaire et des gouvernants. Cela entrave grandement la lutte contre la corruption, car les magistrats ne sont pas tous qualifiés aux nouvelles techniques de répression de ce fléau.

Vu la gravité de l'impact que la corruption peut avoir sur le développement d'une nation ; dès le départ, Dieu avait mis en garde le peuple Israël contre certaines pratiques que le législateur du temps moderne qualifie de corruption. C'est le cas de mentionner en exemple :

---

[69] *Voir annexe 9 les infractions qualifiées de corruption, p175*

a) L'interdiction de l'Éternel aux juges de recevoir des présents (Deutéronome 16 : 18 - 20) ;

b) L'annonce de l'Éternel à tous ceux qui sont intéressés à la richesse rapide et mal acquise (proverbes 1 :10–19) ;

c) Au favoritisme ou au népotisme dans les affaires de Dieu. C'est la raison pour laquelle au moment de la construction de l'arche dans le désert, c'est Dieu lui-même qui avait choisi Betsaleël pour ne pas laisser d'opportunité à Moïse de choisir un responsable par complaisance ou en fonction du lien de parenté avec lui (Exode 31).

III- DES INFRACTIONS CONTRE LES MŒURS

Il y a des comportements que le législateur considère outrageant aux mœurs et les réprimande carrément. C'est le cas de parler de viol (article 278 à 280 du code pénal), de l'attentat aux mœurs (articles 281 et 282 du code pénal), de l'outrage public à la pudeur (article 283 du code pénal), anciennement de l'adultère (articles 284 à 287 du code pénal) qui a été abrogé par le décret du 6 juillet 2005, de la bigamie (article 288 du code pénal). Une section entière est réservée à ces types d'infractions.

La Bible pour sa part, les avait déjà qualifiées de péché et exhortait tout un chacun d'éviter de telles pratiques. Dieu est contre l'inceste (Lévitique 18 :6–18 ; 20 : 11, 12, 17), l'adultère (Exode 20 ; 14 ; Lévitique 18 : 20 ; 20 : 10), le viol (Exode 22 : 16, 17), la bestialité ou la zoophilie (Lévitique 18 : 23), le mariage pour tous (Lévitique 18 : 22). Même si de nos jours, l'adultère est dépénalisé sous l'influence des organisations féministes et que le mariage entre personnes de même sexe est légalisé dans plusieurs pays ; la Bible reste intransigeante. L'apôtre Paul sous l'inspiration divine n'aurait pas pu être plus clair en écrivant : *"puisque ayant connu Dieu, ils ne l'ont point glorifié comme Dieu, et ne lui ont point rendu grâces ; mais ils se sont égarés dans leurs pensées, et leur cœur sans intelligence a été plongé dans les ténèbres. Se vantant d'être sages, ils sont devenus fous ; …*
C'est pourquoi Dieu les a livrés à l'impureté, selon les convoitises de leurs cœurs ; en sorte qu'ils déshonorent eux-mêmes leurs propres corps ; …
C'est pourquoi Dieu les a livrés à des passions infâmes : car leurs femmes ont changé l'usage naturel en celui qui est contre nature ; et de même les hommes, abandonnant l'usage naturel de la femme, se sont enflammés dans leurs désirs les uns pour les autres, commettant homme avec homme des choses infâmes, et recevant en eux-mêmes le salaire que méritait leur égarement " (Romains 1 : 21 à 27).

IV- LUMIÈRE, SEL ET IDENTITÉ

Ces concepts ne sont pas tout à fait des notions de Droit mais leur implication peut l'être. L'identité est la personne même et elle a pour base sa personnalité juridique. Dépendamment de votre identité, vous pouvez jouir du droit réel ou du droit personnel avec les avantages et les inconvénients qui caractérisent chacun de ces droits.
Dans la Bible, Jésus a identifié ses disciples comme la lumière du monde (Matthieu 5 : 14), comme sel de la terre (Matthieu 5 : 13). En un mot, Jésus a voulu faire comprendre aux

hommes qu'ils doivent devenir des modèles pour les autres comme Lui, il est notre modèle parfait. Les enseignements à ce sujet sont multiples (1 Pierre 5 : 3 ; Tite 2 : 7 ; 2 Timothée 1 : 13 ; 1 Timothée 4 : 12 ; 2 Thessaloniciens 3 : 9 ; 1 Thessaloniciens 1 : 7 ; Philippiens 3 : 17 ; Ephésiens 4 : 17).

Ces notions d'identité et de modèle sont si importantes qu'elles ne sont pas seulement exigées dans le domaine spirituel. Partout dans le secteur séculier on en a besoin, au point que l'absence de modèle dans une société peut lui être fatale. C'est le cas actuel de notre pays où il faut malheureusement en plein midi, comme Diogène, chercher avec une bougie un modèle dans la politique, les affaires ; quelqu'un à imiter pour son honnêteté, son intégrité, son patriotisme. Ne nous décourageons pas, si nous n'en trouvons pas encore, c'est qu'il n'y en a que très peu.

V- À RETENIR

VI- QUIZ

1- Répondez par vrai ou faux ($1/2$ pt par bonne réponse)

a) La militance est la voie normale de trouver un travail dans l'administration publique.

b) Le fait d'employer quelqu'un dans l'administration publique sous la base de la parenté n'est pas une infraction.

c) L'adultère n'est plus une infraction pénale en Haïti.

d) Une personne peut-être différente de son identité.

e) Les fonctionnaires travaillent dans les entreprises privées.

2- Utilisez les mots suivants pour compléter les phrases ci-dessous ($1/2$ pt par bonne réponse)

Adultère   concours   denier   technique   identité

a) L'administration publique est le bras .... de l'exécutif.

b) La corruption est une catastrophe qui ronge le .... public.

c) On intègre la fonction publique par la voie de ....

d) Le décret du 6 juillet 2005 a abrogé l' .... en Haïti.

e) Dépendamment de votre .... vous pouvez jouir du droit réel ou du droit personnel.

3- Faites correspondre les flèches (1 pt par bonne réponse)

a) administration publique   1) personnalité juridique
b) bigamie   2) corruption
c) GAFIC   3) mœurs
d) identité   4) carrière
e) corruption   5) denier public détourné

Résultat : ______/10

FÉLICITATIONS!!!

VII- COMMENTAIRES

1- Quelles étaient vos idées préconçues sur le concept avant la lecture de ce chapitre ?

____
____
____
____
____
____
____

2- Qu'avez-vous appris sur le sujet ?

____
____
____
____
____
____
____

3- Quelles sont vos réflexions personnelles pour vous aider, soit dans l'application soit dans la compréhension de ce thème ?

____
____
____
____
____
____

CHAPITRE XVIII
LE PARALLELISME DES INFRACTIONS AVEC LA BIBLE

Pour finir, nous allons à travers ce dernier chapitre de l'ouvrage vous présenter un ensemble d'infractions du droit pénal parmi de multiples qui ont été aussi prévues et réprimées par la Bible bien auparavant. Pour résumer le texte et surtout le rendre compréhensible, nous allons rédiger le parallèle sous forme de tableau.

A- CONCERNANT LES INFRACTIONS CONTRE LES BIENS : (vol, abus de confiance, dévastation de champs, faux)

1- VOL :

C'est l'action de s'approprier ce qui appartient à autrui. Juridiquement, ce mot est défini comme étant la soustraction frauduleuse de la chose d'autrui[70].

CONSIDÉRATIONS LÉGALES		CONSIDÉRATIONS BIBLIQUES	
Références légales	Arts. 324 et suivants du C.P	Références bibliques	Exode 22 : 1 -4 ; 20 : 15 Lévitique 5 : 21 -24 ; 19 : 12

2- ABUS DE CONFIANCE :

Dans le langage courant, il s'agit d'une forme de tromperie. Juridiquement, l'abus de confiance est le fait par une personne de détourner, au préjudice d'autrui, des fonds, des valeurs, ou un bien quelconque qui lui ont été remis et qu'elle a acceptés à charge de les rendre, de les représenter ou d'en faire un usage déterminé[71].

CONSIDÉRATIONS LÉGALES		CONSIDÉRATIONS BIBLIQUES	
Références légales	Arts. 340 et suivants du C.P	Références bibliques	Lévitique 5 : 21 -24

3- DÉVASTATION DE CHAMPS :

C'est le fait de détruire un champ ou d'y récolter les fruits alors qu'on n'en est pas le propriétaire. En Droit, quand la dévastation est faite par un animal, ce sont les dispositions du code rural qui s'appliquent, alors que si l'auteur de l'infraction est un humain, il tombe sous le coup du droit pénal.

---

[70] GUINCHARD, Serge.- Lexique des Termes Juridiques 17e édition, Collection Dalloz, 2010, p 744
[71] GUINCHARD, Serge.- Lexique des Termes Juridiques 17e édition, Collection Dalloz, 2010, p 4

CONSIDÉRATIONS LÉGALES		*CONSIDÉRATIONS BIBLIQUES*	
Références légales	*Arts. 364 et suivants du C.P*	*Références bibliques*	*Exode 22*

4- *FAUX* :

Qui n'est pas vrai, qui n'est pas juste ou qui ment. En matière civile, le faux est une procédure principale ou incidente dirigée contre un acte authentique pour montrer qu'il a été altéré, modifié, complété par de fausses indications, ou même fabriqué. Une procédure analogue peut être utilisée à titre principal ou incident contre un acte sous seing privé ayant déjà été l'objet d'une vérification d'écriture si la partie soutient que l'acte a été matériellement altéré ou falsifié depuis sa vérification[72]. En droit pénal, il y a une multitude de cas de faux dont la fausse monnaie, la contrefaçon des sceaux de l'État, des billets de banque, des effets publics, en écritures publiques ou authentiques, de commerce ou de banque, en écriture privée, des faux commis dans les passeports, de fausses mesures. La fabrication du faux ainsi que son usage sont réprimés par la loi.

CONSIDÉRATIONS LÉGALES		*CONSIDÉRATIONS BIBLIQUES*	
Références légales	*Arts. 97 et suivants, 398 6ᵉ à 8ᵉ du C.P*	*Références bibliques*	*Lévitique 19 : 35, 36*

B- *CONCERNANT LES INFRACTIONS CONTRE LES CRIMES FINANCIERS : (sous ou surfacturation, pot-de-vin)*

1- *SOUS OU SURFACTURATION* :

La surfacturation est le fait de surévaluer ou facturer démesurément un bien ou un service. L'action inverse est appelée sous-facturation. Juridiquement, ces deux actions sont assimilées à des fraudes fiscales. En droit financier, c'est une soustraction illégale à la loi fiscale de tout ou en partie de la matière imposable qu'elle devrait frapper[73]. On parle alors d'évasion fiscale.

CONSIDÉRATIONS LÉGALES		*CONSIDÉRATIONS BIBLIQUES*	
Références légales	*Art. 5.8 de la loi du 12 mars 2014*	*Références bibliques*	*Actes 5 : 1 -11 ; Malachie 3 : 7 - 9*

---

[72] *GUINCHARD, Serge.- Lexique des Termes Juridiques 17e édition, Collection Dalloz, 2010, p 329*
[73] *GUINCHARD, Serge.- Lexique des Termes Juridiques 17e édition, Collection Dalloz, 2010, p 347*

5- POT-DE-VIN :

C'est une somme donnée à titre de présent en sus du prix convenu. C'est aussi un argent donné à une personne pour bénéficier de son influence, pour obtenir un marché par exemple. Juridiquement, c'est l'une des infractions liées à la corruption.

CONSIDÉRATIONS LÉGALES		CONSIDÉRATIONS BIBLIQUES	
Références légales	Art. 5.6 de la loi du 12 mars 2014	Références bibliques	Deutéronome 16 : 18 - 20

C- CONCERNANT LES INFRACTIONS CONTRE LES PERSONNES : (parjure, meurtre et assassinat, coups et blessures, calomnie)

1- PARJURE :

Faux serment ou violation de serment. En droit, il est aussi considéré comme un acte de faux. La gravité, c'est le fait d'avoir au préalable prêté serment de dire la vérité.

CONSIDÉRATIONS LÉGALES		CONSIDÉRATIONS BIBLIQUES	
Références légales	Arts. 307 et suivants du C.P	Références bibliques	Exode 20 : 16 ; Lévitique 5 : 1

2- MEURTRE ET ASSASSINAT :

Le meurtre est un homicide volontaire alors que l'assassinat est un meurtre prémédité. En d'autres termes, il s'agit d'un meurtre aggravé, car la préméditation est une parmi les causes d'aggravation du meurtre.

CONSIDÉRATIONS LÉGALES		CONSIDÉRATIONS BIBLIQUES	
Références légales	Arts. 240 et suivants du C.P	Références bibliques	Exode 20 : 13 ; 21 : 14 ; Lévitique 24 : 17

3- COUPS ET BLESSURES :

C'est une forme de violence physique exercée sur une personne avec ou sans intention criminelle.

CONSIDÉRATIONS LÉGALES		CONSIDÉRATIONS BIBLIQUES	
Références légales	Arts. 254 et suivants, 265 du C.P	Références bibliques	Exode 21 : 18, 19 ; Lévitique 24 : 19, 20

4- CALOMNIE :

C'est une fausse accusation qui blesse la réputation et l'honneur. Elle est synonyme de médisance. En droit, elle partage la même catégorie que la diffamation. Celle-ci est caractérisée par le fait de dire une vérité, mais qui porte atteinte à l'honneur tandis que la calomnie ou la dénonciation calomnieuse ne se constitue qu'autant que les faits imputés sont faux et qu'ils ont été dénoncés dans l'intention de nuire.

CONSIDÉRATIONS LÉGALES		CONSIDÉRATIONS BIBLIQUES	
Références légales	Arts. 313 et suivants du C.P	Références bibliques	Lévitique 19 : 16 ; Psaumes 101 : 5

D- CONCERNANT LES INFRACTIONS CONTRE LES MŒURS : (viol, adultère, inceste, attentats aux mœurs)

1- VIOL :

Tout acte de pénétration sexuelle de quelque nature qu'il soit, commis ou tenté sur la personne d'autrui par violence, contrainte, menace ou surprise.[74]

CONSIDÉRATIONS LÉGALES		CONSIDÉRATIONS BIBLIQUES	
Références légales	Arts. 278 et suivants du C.P	Références bibliques	Exode 22 : 16, 17

2- ADULTÈRE :

C'est la violation de la fidélité conjugale. En droit civil, il est caractérisé par des relations sexuelles entre un époux et une personne autre que son conjoint. Il constitue, en tant que violation du devoir de fidélité, une faute, cause de divorce ; pénalement, il n'est plus sanctionné en France à partir de la loi du 11 juillet 1975[75] et en Haïti, par le décret du 6 juillet 2005.

[74] GUINCHARD, Serge.- Lexique des Termes Juridiques 17e édition, Collection Dalloz, 2010, p 741
[75] GUINCHARD, Serge.- Lexique des Termes Juridiques 17e édition, Collection Dalloz, 2010, p 31

CONSIDÉRATIONS LÉGALES		CONSIDÉRATIONS BIBLIQUES	
Références légales	Arts. 284 et suivants du C.P abroges par le décret du 6 juillet 2005	Références bibliques	Exode 20 : 14 ; Lévitique 18 : 20 ; 20 : 10

3- INCESTE :

C'est l'union illicite entre personnes à un degré de parenté auquel le mariage n'est pas permis par la loi. L'inceste en soi n'est pas une infraction. Il est une des causes prohibitives au mariage en droit civil. Toutefois, sur le plan pénal, l'inceste est une circonstance aggravante du viol, des agressions sexuelles[76].

CONSIDÉRATIONS LÉGALES		CONSIDÉRATIONS BIBLIQUES	
Références légales	Art 280 du C.P	Références bibliques	Exode 21 : 18, 19 ; Lévitique 24 : 19, 20

4- ATTENTATS AUX MŒURS :

Dans cet ensemble d'infractions, on peut énumérer le voyeurisme, l'excitation à la débauche, la prostitution, l'outrage public à la pudeur, les vices contre nature pour ne citer que ceux-là.

CONSIDÉRATIONS LÉGALES		CONSIDÉRATIONS BIBLIQUES	
Références légales	Arts 281 et suivants du C.P	Références bibliques	Lévitique 18 : 22, 23 ; 20 : 13 – 16 ; Habacuc 2 : 15

On pourrait utiliser la Bible entière pour trouver des exemples d'infractions qui y sont aussi réprimées, mais tel n'était pas l'objectif de ce chapitre qui ne voulait que présenter un échantillonnage pour illustrer le parallélisme des infractions avec la Bible.

---

[76] GUINCHARD, Serge.- Lexique des Termes Juridiques 17e édition, Collection Dalloz, 2010, p 381

EN GUISE DE CONCLUSION

En réfléchissant aux mots que nous devons utiliser pour clore cette rédaction ; l'idée nous est venue de retranscrire simplement, en lieu et place de rédiger une conclusion classique, un extrait du passage des psaumes qui relatent l'importance de la Parole de Dieu. Que la révélation qui y est insérée vous inspire une fois de plus.

" À toujours, Ô Éternel ! Ta parole subsiste dans les cieux. De génération en génération ta fidélité subsiste ; tu as fondé la terre, et elle demeure ferme. C'est d'après tes lois que tout subsiste aujourd'hui, car toutes choses te sont assujetties.

Si ta loi n'eut fait mes délices, j'eusse alors péri dans ma misère. Je n'oublierai jamais tes ordonnances, car c'est par elles que tu me rends la vie. Je suis à toi : sauve-moi ! Car je recherche tes ordonnances. Des méchants m'attendent pour me faire périr ; je suis attentif à tes préceptes. Je vois des bornes à tout ce qui est parfait : Tes commandements n'ont point de limite.

Combien j'aime ta loi ! Elle est tout le jour l'objet de ma méditation. Tes commandements me rendent plus sage que mes ennemis. Car, je les ai toujours avec moi. Je suis plus instruit que tous mes maitres, car tes préceptes sont l'objet de ma méditation. J'ai plus d'intelligence que les vieillards, car j'observe tes ordonnances. Je retiens mon pied loin de tout mauvais chemin, afin de garder ta parole. Je ne m'écarte pas de tes lois, car c'est toi qui m'enseignes. Que tes paroles sont douces à mon palais, plus que le miel à ma bouche !

Par tes ordonnances, je deviens intelligent, aussi je hais toute voie de mensonge. Ta parole est une lampe à mes pieds, et une lumière sur mon sentier. Je jure, et je le tiendrai, d'observer les lois de ta justice.[77] "

---

[77] *Psaumes 119: 89 à 106*

ANNEXE # 1

DU CHAPITRE I : LE DROIT ET LA BIBLE

A-   *LE CONTENU DE LA BIBLE*

D'après les recherches d'un prince Grenade, héritier du royaume d'Espagne, pendant son emprisonnement de trente trois (33) ans au Palais de Galavera en Madrid ; la Bible a en tout : mille cent quatre-vingt neuf (1,189) chapitres, trente et un mille cent soixante neuf (31,169) versets, sept cent vingt-quatre mille six cent quatre-vingt douze (724,692) mots et trois millions six cent soixante onze mille quatre cent quatre-vingt (3,671,480) lettres.

La Bible quoiqu'elle soit un ensemble de livres forme un. C'est le livre avec une seule doctrine : l'existence de Dieu (Genèse 1 :1 ; Hébreux 11 :6) ; une seule moralité : la sanctification (Hébreux 12 :14) ; un seul plan de salut : la foi (Jean 3 : 16 ; Marc 16 :16) ; un seul programme des âges : la volonté de Dieu à ce que l'homme soit sauvé (1 Timothée 2 : 3, 4) et un seul objectif : le bonheur de l'homme (Jérémie 29 :11).

B-   *LES GRANDES DIVISIONS DE LA BIBLE*

La Bible est divisée en deux testaments couramment appelés l'Ancien (A.T) et le Nouveau Testament (N.T). Le premier contient trente neuf (39) livres et le second vingt sept (27). De plus, l'A.T a été écrit en majeure partie en hébreu bien que certains passages fussent rédigés en araméen et le N.T en grec.

Selon les thèmes traités par les différents auteurs, l'A.T est subdivisé en quatre grandes parties qui sont : le Pentateuque avec les cinq (5) livres de Moise, les douze (12) livres historiques, les cinq (5) livres poétiques et les dix-sept (17) livres prophétiques qui achèvent le contrat. Il y a lieu de préciser que les dix-sept (17) livres prophétiques sont repartis en cinq (5) livres de grands prophètes et de douze (12) petits prophètes.

Dans l'Ancien Testament, le Pentateuque parle de l'histoire de la création, de la naissance du peuple d'Israël, de sa servitude en Egypte jusqu'à son passage du Jourdain après sa libération.

Les livres historiques racontent de la conquête de Canaan jusqu'après le retour de la captivité du peuple à Babylone. De Josué à Esther, ces livres englobent une période de près de dix siècles.

Trois (3) des cinq (5) livres poétiques : Job, Proverbes et Ecclésiaste ainsi que certains Psaumes sont parmi les meilleurs exemples de la littérature sapientiale. Cette forme de littérature hébraïque ne traite pas seulement des problèmes pratiques de la vie, comme dans les proverbes, mais aussi de grandes questions spirituelles et morales, par exemple la prospérité des méchants, le matérialisme, le fatalisme, le pessimisme et la souffrance du juste.

Les livres prophétiques annoncent les diverses prophéties de Dieu à l'égard d'Israël, de la venue du Messie, de l'humanité entière ou de la fin des temps.

Quant au Nouveau Testament, il est composé des quatre (4) Evangiles, de l'Acte des Apôtres, des épîtres pauliennes, de la lettre aux Hébreux, des épîtres pastorales, des livres de Jacques, Pierre, Jean et Jude enfin du livre des révélations : l'Apocalypse de Jean.

Texte tiré de Cultures Bibliques de Frantz POTEAU (non encore publié)

ANNEXE # 2
DU CHAPITRE I : LE DROIT ET LA BIBLE

A-   CHARLES DARWIN

Charles Darwin, né le 12 février 1809 à Shrewsbury dans le Shropshire et mort le 19 avril 1882 à Downe dans le Kent, est un naturaliste et paléontologue anglais dont les travaux sur l'évolution des espèces vivantes ont révolutionné la biologie avec son ouvrage L'Origine des espèces paru en 1859. Célèbre au sein de la communauté scientifique de son époque pour son travail sur le terrain et ses recherches en géologie, il a adopté l'hypothèse émise 50 ans auparavant par le Français Jean-Baptiste de Lamarck selon laquelle toutes les espèces vivantes ont évolué au cours du temps à partir d'un seul ou quelques ancêtres communs et il a soutenu avec Alfred Wallace que cette évolution était due au processus dit de la « sélection naturelle ».

Darwin a vu de son vivant la théorie de l'évolution acceptée par la communauté scientifique et le grand public, alors que sa théorie sur la sélection naturelle a dû attendre les années 1930 pour être généralement considérée comme l'explication essentielle du processus d'évolution. Au XXIe siècle, elle constitue en effet la base de la théorie moderne de l'évolution. Sous une forme modifiée, la découverte scientifique de Darwin reste le fondement de la biologie, car elle explique de façon logique et unifiée la diversité de la vie. L'intérêt de Darwin pour l'histoire naturelle lui vint alors qu'il avait commencé à étudier la médecine à l'université d'Édimbourg, puis la théologie à Cambridge. Son voyage de cinq ans à bord du Beagle l'établit dans un premier temps comme un géologue dont les observations et les théories soutenaient les théories actualistes de Charles Lyell. La publication de son journal de voyage le rendit célèbre. Intrigué par la distribution géographique de la faune sauvage et des fossiles dont il avait recueilli des spécimens au cours de son voyage, il étudia la transformation des espèces et en conçut sa théorie sur la sélection naturelle en 1838. Il fut fortement influencé par les théories de Georges-Louis Leclerc de Buffon.

Ayant constaté que d'autres avaient été qualifiés d'hérétiques pour avoir avancé des idées analogues, il ne se confia qu'à ses amis les plus intimes et continua à développer ses recherches pour prévenir les objections qui, immanquablement, lui seraient faites. En 1858, Alfred Russel Wallace lui fit parvenir un essai qui décrivait une théorie semblable, ce qui les amena à faire connaître leurs théories dans une présentation commune. Son livre de 1859, L'Origine des espèces, fit de l'évolution à partir d'une ascendance commune l'explication scientifique dominante de la diversification des espèces naturelles. Il examina l'évolution humaine et la sélection sexuelle dans La Filiation de l'homme et la sélection liée au sexe, suivi par L'Expression des émotions chez l'homme et les animaux. Ses recherches sur les plantes furent publiées dans une série de livres et, dans son dernier ouvrage, il étudiait les lombrics et leur action sur le sol.

B- ENFANCE ET ETUDES

Charles Darwin est né dans la maison familiale, dite « maison Mount ». Il est le cinquième d'une fratrie de six enfants d'un médecin et financier prospère, Robert Darwin (1766-1848), et de Susannah Darwin (née Wedgwood) (1765-1817). Il est le petit-fils du célèbre naturaliste et poète Erasmus Darwin (1731-1802) du côté paternel et de Josiah Wedgwood (1730-1795), du côté de sa mère. Chacune des deux familles est de confession unitarienne, bien que les Wedgwood aient adopté l'anglicanisme. Robert Darwin, plutôt libre-penseur, accepte que son fils Charles soit baptisé à l'église anglicane. Néanmoins, les enfants Darwin fréquentent avec leur mère la chapelle unitarienne. Le prêcheur de celle-ci devient le maître d'école de Charles en 1817. En juillet de la même année, Susannah Darwin décède alors que Charles n'a que huit ans. En septembre 1818, il entre au pensionnat de l'école anglicane voisine, l'école de Shrewsbury. Aimant peu les matières théoriques scolaires, il préfère galoper à cheval dans la campagne avec son chien, chasser, herboriser, collecter des animaux et des pierres.

Darwin passe l'été de 1825 comme apprenti médecin auprès de son père qui soigne les pauvres du Shropshire. À l'automne de la même année, il part en Écosse, à l'université d'Édimbourg pour y étudier la médecine, mais il est révolté par la brutalité de la chirurgie et néglige ses études médicales. Il apprend la taxidermie auprès de John Edmonstone, un esclave noir libéré, qui lui raconte des histoires fascinantes sur les forêts tropicales humides d'Amérique du Sud. Plus tard, dans La Filiation de l'homme et la sélection liée au sexe, il se sert de cette expérience pour souligner que, malgré de superficielles différences d'apparence, « les Nègres et les Européens » sont très proches.

En 1827, son père, insatisfait par l'absence de progrès de son jeune fils, l'inscrit pour obtenir un Bachelor of Arts au Christ's College de Cambridge. Il s'agit de lui donner un diplôme de théologie, dans l'espoir que Charles devienne pasteur anglican. Néanmoins, Darwin aime mieux monter à cheval et chasser que se consacrer à ses études. Avec son cousin William Darwin Fox, il commence à se passionner pour la collection des coléoptères. Fox lui fait rencontrer le révérend John Stevens Henslow, professeur de botanique et grand connaisseur de ces insectes. Darwin rejoint alors les cours d'histoire naturelle d'Henslow et devient son élève préféré. Il est alors connu des autres professeurs comme « l'homme qui marche avec Henslow ». Quand les examens se rapprochent, Darwin se concentre sur ses études et reçoit des cours privés d'Henslow. Le jeune homme est particulièrement enthousiaste au sujet des écrits de William Paley, dont la Théologie naturelle (1802) et la conception divine de la nature le fascinent.

Les obligations universitaires obligent Darwin à rester à Cambridge jusqu'en juin. Suivant les conseils d'Henslow, il ne hâte pas son entrée dans les Ordres. Inspiré par le journal de voyage du naturaliste allemand Alexander von Humboldt, il organise un voyage dans l'île de Tenerife avec quelques camarades d'études eux-mêmes fraîchement diplômés, afin d'étudier l'histoire naturelle des tropiques. Pour mieux se préparer, Darwin rejoint les cours de géologie du révérend Adam Sedgwick et, durant l'été, l'assiste à la réalisation d'une carte géologique dans le pays de Galles. Après avoir passé une quinzaine de jours avec des amis étudiants à Barmouth, Darwin retourne chez lui et découvre une lettre d'Henslow qui le recommande comme naturaliste approprié (même si sa formation n'est pas complète) pour un poste non payé auprès de Robert FitzRoy, capitaine de l'HMS Beagle, lequel part quatre semaines plus tard pour faire la cartographie de la côte de l'Amérique du Sud. Son père s'oppose d'abord à ce voyage de deux ans qu'il considère comme une perte de temps, mais il est finalement convaincu par son beau-frère, Josiah Wedgwood II, et finit par donner son accord à la participation de son fils.

C-   CONCEPTIONS RELIGIEUSES DE CHARLES DARWIN

La mort de sa fille, Annie, en 1851, fut l'événement qui écarta Darwin, déjà en proie au doute, de la foi en un Dieu bienfaisant. Bien que sa famille fût en majorité non-conformiste et que son père, son grand-père et son frère fussent libres-penseurs, au début, Darwin ne doutait pas de la vérité littérale de la Bible. En ce sens, « l'œuvre de Darwin et sa postérité s'inscrivent plus précisément encore dans le cadre de l'époque victorienne ». Il avait fréquenté une école de l'Église d'Angleterre, puis étudié la théologie anglicane à Cambridge pour embrasser une carrière ecclésiastique. Il avait été convaincu par l'argument téléologique de William Paley qui voyait dans la nature un dessein prouvant l'existence de Dieu ; cependant, au cours du voyage du Beagle Darwin se demanda, par exemple, pourquoi de superbes créatures avaient été faites au fond des océans là où personne ne pourrait les voir, ou comment il était possible de concilier la conception de Paley d'un dessein bienveillant avec la guêpe ichneumon qui paralyse des chenilles pour les donner à ses œufs comme des aliments vivants. Il restait tout à fait orthodoxe et citait volontiers la Bible comme une autorité dans le domaine de la morale, mais ne croyait plus à l'historicité de l'Ancien Testament.

Alors qu'il menait ses recherches sur la transformation des espèces Darwin savait que ses amis naturalistes y voyaient une hérésie abominable qui mettait en péril les justifications miraculeuses sur lesquelles était fondé l'ordre social ; sa théorie ressemblait alors aux arguments radicaux qu'utilisaient les dissidents et les athées pour attaquer la position privilégiée de l'Église d'Angleterre en tant qu'Église établie. Bien que Darwin eût écrit que la religion était une stratégie tribale de survivance, il croyait cependant toujours que Dieu était le législateur suprême. Cette conviction fut peu à peu ébranlée et, avec la mort de sa fille Annie en 1851, il finit par perdre toute foi dans le christianisme. Il continua à aider son église locale pour le travail paroissial, mais le dimanche il allait se promener pendant que sa famille se rendait à l'église. Désormais, il jugeait préférable de regarder la douleur et les souffrances comme le résultat de lois générales plutôt que d'une intervention directe de

Dieu. Interrogé sur ses conceptions religieuses, il écrivit qu'il n'avait jamais été un athée dans le sens où il aurait nié l'existence de Dieu, mais que, de façon générale, « c'est l'agnosticisme qui décrirait de la façon la plus exacte [son] état d'esprit ».

Le Récit de Lady Hope, publié en 1915, soutenait que Darwin était revenu au christianisme au cours de sa dernière maladie. Une telle affirmation a été démentie par ses enfants et les historiens l'ont également écartée. Sa fille, Henrietta, qui était au chevet de son lit de mort, a en effet dit que son père n'était pas retourné au christianisme. Ses derniers mots ont été en réalité adressés à Emma : « Rappelez-vous la bonne épouse que vous avez été ».

D-   DARWINISME

Si la théorie du transformisme de Lamarck a ouvert la voie, la révolution évolutionniste est arrivée avec Charles Darwin et son ouvrage " De l'origine des espèces (1859) " dans lequel deux grandes idées, appuyées par des faits, émergent : l'unité et la diversité du vivant s'expliquent par l'évolution, et le moteur de l'évolution adaptative est la sélection naturelle. Un manuscrit inachevé de 1856-1858 permet d'attirer l'attention sur le fait que la théorie de la sélection naturelle telle qu'exposée dans " De l'Origine des Espèces " n'était pour Darwin qu'un résumé provisoire de ses points de vue. Darwin avait en effet projeté d'écrire trois volumes (l'un sur les variations des espèces domestiques, un second sur celles à l'état de nature et un dernier consacré à la sélection naturelle générale). La crainte de perdre la paternité de sa découverte au profit de Alfred Wallace poussa Darwin à ne publier que ses écrits provisoires et partiels. En effet, seul le premier parut, en 1868, dans " De l'Origine des Espèces ", accompagné de réponses à d'éventuelles critiques sur divers sujets.

1-   Critiques du darwinisme

Les critiques à l'encontre de Darwin et de sa théorie sont de trois ordres : les critiques politiques, sociales et philosophiques ; les critiques scientifiques avec Rémy Chauvin, Pierre-Paul Grassé ou Étienne Rabaud ; et les critiques religieuses, avec le créationnisme et l'Église catholique romaine.

En 1910, le sociologue Jacques Novicow publie La critique du darwinisme social, qui contient une critique du darwinisme sur le plan biologique et une critique de l'usage qui est fait du darwinisme dans la sociologie. Une critique d'ordre politique provient de Karl Marx et de Friedrich Engels qui, dans leur correspondance, notent l'analogie entre le principe de la sélection naturelle et le fonctionnement du marché capitaliste. Mais ils ne développeront pas plus avant cette critique, aujourd'hui reprise et étoffée par l'historien des sciences André Pichot dans son ouvrage publié en 2008. Karl Marx cite l'Origine des Espèces dans le Capital et y note l'analogie et la distinction entre « l'histoire de la technologie naturelle » et « l'histoire de la formation des organes productifs de l'homme social ».

La critique scientifique prend diverses formes.

Le néo-lamarckien Étienne Rabaud critique de manière assez radicale la notion d'adaptation, en montrant que la sélection naturelle ne retient pas le plus apte, mais élimine seulement les organismes dont l'équilibre des échanges est déficitaire. Pour Rémy Chauvin, dans " Le Darwinisme ou la fin d'un mythe". L'esprit et la matière de darwinisme s'apparente à une secte prônant un athéisme obtus, aux postulats scientifiques contestables. Mais c'est surtout le problème du chaînon manquant de la lignée humaine (un être qui serait intermédiaire entre le singe et l'homme) qui a longtemps été employé contre la théorie de l'évolution.

Les écrits et les théories de Darwin, combinés avec les découvertes génétiques de Gregor Mendel (1822-1884) (la théorie synthétique de l'évolution), sont considérés comme formant la base de toute la biologie moderne. Cependant, la renommée et la popularité de Darwin ont conduit à associer son nom à des idées et des mouvements qui n'entretiennent qu'une relation indirecte à son œuvre, voire sont à l'opposé de ses convictions.

Il faut dire qu'il est arrivé au moins une fois à Darwin d'exprimer des idées racistes et de les mettre en relation avec sa théorie. Ainsi, dans le passage suivant, il considère le Noir et l'aborigène australien comme plus proches du gorille que le Caucasien : « Dans un avenir pas très lointain, si on compte par siècles, les races humaines civilisées vont certainement exterminer les races sauvages et prendre leur place à travers le monde. En même temps, comme l'a remarqué le Professeur Schaaffhausen, les singes anthropomorphes seront sans aucun doute exterminés… ».

2- Eugénisme

À la suite de la publication par Darwin de son ouvrage principal, " De l'Origine des Espèces", son cousin Francis Galton appliqua ses conceptions à la société humaine, commençant en 1865 à promouvoir l'idée de « l'amélioration héréditaire », d'abord dans l'essai Hereditary talent and character de 1865, puis dans Hereditary genius: an inquiry into its laws and consequences, dans lequel il élabore sa théorie de façon détaillée en 1869, vision biométrique du darwinisme. Dans La Filiation de l'homme et la sélection liée au sexe, Darwin convient que Galton ait démontré qu'il était probable que le « talent » et le « génie » chez l'homme fussent héréditaires, mais il juge trop utopiques les changements sociaux que proposait Galton. Ni Galton ni Darwin ne soutenaient cependant une intervention gouvernementale, et ils pensaient que, tout au plus, l'hérédité devrait être prise en considération par les individus dans la recherche de partenaires. En 1883, après la mort de Darwin, Galton commença à appeler « eugénisme » sa philosophie sociale. Au XXe siècle, les mouvements eugénistes négatifs devinrent populaires dans un certain nombre de pays protestants, et participèrent aux programmes destinés à bloquer la reproduction tels que ceux de stérilisation contrainte aux États-Unis. Leur usage par l'Allemagne nazie dans ses objectifs de « pureté raciale » fit tomber ces méthodes en disgrâce.

3-   Darwinisme social

On retient généralement que Herbert Spencer a appliqué les thèses évolutionnistes et la notion de « survie du plus apte » à la société humaine. Friedrich Hayek a contesté le sens dans lequel les idées évolutionnistes se sont diffusées. Selon lui, c'est de la sociologie et de l'économie que vient l'évolutionnisme, et non de la biologie. C'est d'ailleurs ce que Darwin lui-même écrit dans le chapitre 3 de l'origine des espèces :

« J'ai donné à ce principe, en vertu duquel une variation si insignifiante qu'elle soit, se conserve et se perpétue, si elle est utile, le nom de sélection naturelle, pour indiquer les rapports de cette sélection avec celle que l'homme peut accomplir. Mais l'expression qu'emploie souvent M. Herbert Spencer : « la persistance du plus apte », est plus exacte et quelquefois tout aussi commode. »

« Aussi, comme il naît plus d'individus qu'il n'en peut vivre, il doit y avoir, dans chaque cas, une lutte pour l'existence, soit avec un autre individu de la même espèce, soit avec des individus d'espèces différentes, soit avec les conditions physiques de la vie. C'est la doctrine de Malthus appliquée avec une intensité beaucoup plus considérable à tout le règne animal et à tout le règne végétal, car il n'y a là ni production artificielle d'alimentation, ni restriction apportée au mariage par la prudence. »

Il est donc établi que Darwin a été influencé par l'économiste Thomas Malthus et qu'il a emprunté à Spencer l'idée de survie des plus aptes.

Les idées qu'on désigne aujourd'hui sous le nom de « darwinisme social » sont devenues populaires à la fin du XIXe siècle et au début du XXe siècle, au point d'être utilisées pour défendre différentes perspectives idéologiques, parfois contradictoires, y compris l'économie du « laissez-faire », le colonialisme, le racisme ou encore l'impérialisme. Le terme de « darwinisme social » date des années 1890, mais il est devenu courant en tant que terme polémique au cours des années 1940, quand Richard Hofstadter a critiqué le conservatisme du laissez-faire. Suivant les auteurs, le darwinisme social est alors le principe qui motive l'application de politiques conservatrices ou bien le dessein que prêtent les opposants des conservateurs à ceux-ci pour les discréditer. Il est finalement appliqué à des progressistes qui intègrent la volonté humaine comme facteur de l'évolution. Ces concepts préexistaient à la publication par Darwin de L'Origine en 1859, puisque Malthus était mort en 1834 et que Spencer avait publié en 1851 ses livres sur l'économie et en 1855 ses livres sur l'évolution. Darwin lui-même insistait pour que la politique sociale n'obéît pas simplement aux concepts de lutte et de sélection dans la nature, et pensait que la sympathie devait s'étendre à toutes les races et à toutes les nations. Héritière du darwinisme social, la sociobiologie est une approche née aux États-Unis à partir de 1975 sous l'impulsion d'Edward O. Wilson, professeur de zoologie à Harvard. Dans Sociobiology, the new synthesis, Wilson explique que les êtres vivants sont en perpétuelle compétition pour essayer d'améliorer leur situation, et qu'ainsi l'éthologie animale est conditionnée par la sélection naturelle. Selon le chercheur Patrick Tort, ces théories pseudo-scientifiques utilisent à leurs propres fins les postulats darwiniens, les détournant ainsi de leur cadre épistémiologique.

E-   COMMÉMORATIONS

Durant la vie de Darwin, de nombreuses espèces ainsi que des toponymes lui ont été dédiés. Ainsi, le prolongement occidental du canal Beagle qui relie ce dernier à l'océan Pacifique, le canal de Darwin, porte son nom. C'est le capitaine FitzRoy qui le lui a dédié après une action de Darwin : parti avec deux ou trois marins, il a le réflexe de les conduire sur le rivage lorsqu'il voit un pan d'un glacier s'effondrer dans la mer et provoquer une forte vague, celle-ci aurait probablement balayé leur embarcation. Le mont Darwin lui a été dédié lors de son 25e anniversaire. Lorsque le Beagle était en Australie en 1839, John Lort Stokes, ami de Darwin, a découvert un port naturel que le capitaine de vaisseau John Clements Wickham a baptisé du nom de Port Darwin. La colonie de Palmerston, fondée en 1869, fut rebaptisée Darwin en 1911. Elle est devenue la capitale du Territoire du Nord de l'Australie. Cette ville s'enorgueillit de posséder une université Charles-Darwin et un parc national Charles Darwin. Enfin, le Darwin Collège de l'université de Cambridge, fondé en 1964, a été baptisé ainsi en l'honneur de la famille Darwin, en partie parce qu'elle possédait une partie des terrains sur lesquels il était bâti.

Les 14 espèces de pinsons qu'il avait découvertes dans les îles Galápagos ont été surnommées les « pinsons de Darwin » et certains taxons commémorent également le nom du scientifique, comme Wallacea darwini, décrite par G. F. Hill en 1919 et faisant également référence à Alfred Wallace ou Hamitermes darwini décrite par le même auteur en 1922. En 2000, une image de Darwin a été utilisée par la banque d'Angleterre pour le billet de dix livres sterling en remplacement de l'image de Charles Dickens. Enfin la médaille Darwin est attribuée par la Royal Society un an sur deux à un biologiste ou à un couple de biologistes. Cette récompense vise à distinguer des recherches dans un domaine de la biologie sur lequel Charles Darwin a travaillé.

En 1935, l'Union Astronomique Internationale a donné le nom de Darwin à un cratère lunaire. Il existe également un cratère sur la planète Mars qui porte le nom de Darwin.

F- CHRONOLOGIE

- **1809** : naissance de Charles Darwin à Shrewsbury en Angleterre, fils de Robert Waring Darwin et Susannah Wedgwood.
- **1831** : le 27 décembre il embarque sur le Beagle sous le commandement du capitaine Robert FitzRoy et part pour cinq ans pour un voyage autour du monde.
- **1836** : le Beagle revient de son long périple le 2 octobre. Darwin s'installe à Londres.
- **1839** : il épouse en janvier sa cousine, Emma Wedgwood.
- **1842** : lui et sa famille emménagent à Down House dans le Kent.
- **1859** : il publie L'Origine des espèces.
- **1882** : Charles Darwin meurt le 19 avril, à l'âge de 73 ans, à Down House. Il a demandé à être enterré au cimetière St. Mary à Downe, mais sur les instances des collègues de Darwin, et notamment William Spottiswoode, président de la Société royale qui intervient pour qu'il reçoive des funérailles officielles, il est enterré dans l'abbaye de Westminster, près de l'astronome John Herschel et du physicien Isaac Newton.

Texte extrait du wikipédia et la dernière modification de cette page a été faite le 12 octobre 2019 à 11:30.

ANNEXE # 3
DU CHAPITRE I : LE DROIT ET LA BIBLE

A-   LE SCANDINAVISME

L'utilisation moderne du terme Scandinavie vient de la montée politique du mouvement scandinaviste, qui a été très actif au milieu du XIXe siècle, surtout entre la première guerre de Schleswig (1848 – 1850), dans laquelle la Suède et La Norvège ont engagé des forces militaires considérables, et la deuxième guerre du Schleswig (1864), lorsque le Parlement suédois a dénoncé les promesses du roi d'un soutien militaire au Danemark.

B-   QUELS SONT LES PAYS DE LA SCANDINAVIE ?

Tout d'abord en préambule il est important de différencier les pays nordiques des pays scandinaves. En effet la confusion est fréquente, car les pays de la Scandinavie sont au nombre de 4, alors que les pays nordiques est un concept géographique qui englobe les pays du nord de l'Europe.

La Scandinavie est une aire géographique qui se situe dans le nord de l'Europe et qui regroupe 21 millions d'habitants sur un territoire de 878 258 km^2. Les principales villes de Scandinavie sont Copenhague, la capitale de Danemark ; Stockholm, la capitale de la Suède ; Oslo, la capitale de la Norvège et Helsinki, la capital de la Finlande.

1. Le Danemark

Tout d'abord commençons par le plus petit pays de la Scandinavie. Le Royaume du Danemark est le pays le plus au sud de la Scandinavie. Le Danemark est bordé au nord par la Suède et la mer du Nord et au sud par l'Allemagne.

Nota Bene : Pendant longtemps le Danemark gouverna l'Islande, la grande île volcanique du nord de l'Europe. Aujourd'hui l'Islande est un pays indépendant qui ne fait pas partie de la Scandinavie.

2. Le Royaume de Suède, le plus grand pays de la Scandinavie

C'est le plus grand pays de la Scandinavie, mais c'est également l'un des plus grands pays d'Europe. En effet la suède s'étend sur un territoire d'environ 450 000 km^2. La Suède a intégré l'Union Européenne, mais le pays a néanmoins décidé de garder sa monnaie qui n'est autre que la couronne suédoise.

3. La Norvège

Ce pays est réellement un pays à part, car sa manne pétrolière lui permet une rente considérable. Le pays occupe une situation assez unique en Europe, car il ne fait pas partie de l'Union Européenne. Le résultat est assez surprenant, car ce pays a réuni un fond souverain de plus de 600 milliards de dollars pour anticiper l'avenir.

La Norvège est également connu à travers le monde pour ses nombreux Fjords, des sortes de méandres entourés de montagne dans lesquels la mer de Norvège semble venir se perdre. C'est à ce titre que la Norvège est considérée comme étant l'un des plus beaux pays d'Europe.

C'est également l'un des pays les moins densément peuplés d'Europe. Car avec une population de 5,2 millions d'habitants pour un territoire de 385 200 km^2, la densité de population n'est que de 14,7 habitants au km^2.

4. Le cas de la Finlande, le pays aux 188 000 lacs

Ce pays ne partage ni la langue, ni l'histoire de la Suède, du Danemark et de la Norvège, cependant on inclut la Finlande dans le bloc des pays scandinaves. Dans ce cas on parle de « Fennoscandie ».

En effet le finnois ne fait pas parti du groupe des langues « indo-européenne ».Il est considéré comme étant une langue agglutinante. C'est à dire que l'on rajoute au mot des suffixes pour en modifier le sens. On considère que la langue finnoise est une langue finno-hongroise ou finno-ougrienne. Tout comme en font partie l'Estonien, le Lapon et le Hongrois.

À noter que la Finlande est le seul pays scandinave à avoir intégré l'Union Européenne et la zone Euro.

La Finlande a une superficie de 338 144 km^2. On appelle souvent la Finlande le pays aux mille lacs. Mais cette estimation est largement en dessous de la réalité, car on dénombre officiellement 188 000 lacs dans ce pays de la Scandinavie.

C- HISTOIRE DE LA SCANDINAVIE

L'histoire de la Scandinavie est l'histoire du Danemark, de la Norvège et de la Suède. Cependant, dans un sens plus large, on englobe dans cette définition les deux autres pays nordiques, Finlande et Islande.

L'histoire de la Scandinavie, avant sa christianisation autour de l'an mil, est mal connue, car ces peuples écrivaient peu, préférant la tradition orale. Ainsi, les principales sources écrites proviennent des moines scribes européens, qui étaient cependant également les principales victimes des raids vikings, et dont la neutralité des écrits est douteuse.

La préhistoire scandinave est très peu connue, seuls subsistent quelques outils et bijoux. Avec l'attaque du monastère de Lindisfarne en 793 s'ouvre l'Âge des Vikings. Pendant des siècles, des hommes originaires de Scandinavie parcourront le monde jusqu'à Constantinople et Bagdad à l'est, jusqu'au Groenland et à l'Amérique du Nord à l'ouest. Cependant, autour de l'an 1000, la population scandinave est peu à peu christianisée et adopte une organisation administrative et politique semblable aux autres Européens.

Entre 1397 et 1523, le monde nordique s'unit dans l'Union de Kalmar. Il s'ensuit plusieurs siècles de guerres de suprématie, entre le Danemark et la Suède pour la Norvège, entre la Suède et la Russie pour la Finlande, rattachée à l'Empire russe en 1809. Au début du XXe siècle, les pays nordiques deviennent indépendants : la Norvège se sépare de la Suède en 1905, la Finlande de la Russie en 1917 et l'Islande du Danemark en 1918/1944.

Aujourd'hui ces pays pacifiés coopèrent par le biais du Conseil nordique et du Conseil nordique des ministres.

1-   Christianisation

Au cours de la christianisation de la Norvège, le roi Olaf a ordonné de laisser des hommes Völvas (pratiquant le Sejðr) ligotés et abandonnés sur un récif à marée basse, les condamnant à la mort par noyade et consacrant l'hégémonie chrétienne sur le royaume de Norvège. Les croyances religieuses des Vikings étaient fortement associées à la mythologie nordique. Les Vikings avaient mis fortement l'accent sur la bataille, l'honneur axé sur l'idée du Valhalla, un Olympe mythique des dieux accueillant les guerriers morts.

La christianisation de la Scandinavie est survenue plus tard que pour la plupart des autres régions d'Europe. Au Danemark Harald Ier de Danemark a christianisé le pays aux environs de 980. Le processus d'évangélisation de la Norvège a commencé pendant les règnes d'Olaf Ier de Norvège (qui régna de 995 à 1000 environ) et d'Olaf II de Norvège (qui régna de 1015 à 1030). Olaf I et Olaf II avaient été baptisés volontairement en dehors de la Norvège. Olaf II a réussi à amener le clergé anglais dans son pays. La conversion de la Norvège de la religion scandinave au christianisme a été principalement le résultat de l'action des missionnaires anglais. À la suite de l'adoption du christianisme par la monarchie et, ensuite, par la totalité du pays, les pratiques chamaniques traditionnelles ont été marginalisées et ensuite ses adeptes ont été persécutés. Les völvas, pratiquants le sejðr, une tradition scandinave pré-chrétienne, ont été exécutés ou exilés sous les gouvernements nouvellement christianisés aux XIe et XIIe siècles.

L'État libre islandais a adopté le christianisme en l'an 999, sous la pression de la Norvège. Le chef Goði Þorgeirr Ljósvetningagoði a contribué à y parvenir.

La Suède a eu besoin d'un peu plus de temps pour la transition vers le christianisme et des pratiques religieuses autochtones sont restées répandues dans les communautés locales jusqu'à la fin du XIe siècle. Une brève guerre civile suédoise s'en est ensuivie en 1066, reflétant principalement les divisions entre les pratiquants des religions autochtones et les partisans du christianisme, au milieu du XIIe siècle, la faction chrétienne semble avoir triomphé, le premier centre de résistance, Uppsala est devenu le siège de l'archevêché de Suède en 1164. La christianisation de la Scandinavie a eu lieu presque en même temps que la fin de l'ère viking. L'adoption du christianisme a probablement favorisé l'intégration des communautés vikings dans le cadre religieux et culturel du continent européen.

2-   La Réforme

La Réforme a atteint Scandinavie dans les années 1530. La Scandinavie est vite devenue l'un des centres importants du luthéranisme.

3-   Émigration

Beaucoup de Scandinaves ont émigré au Canada, aux États-Unis, en Australie, en Afrique et en Nouvelle-Zélande durant la fin du XIXe siècle. La vague d'émigration scandinave s'est produite dans les années 1860 et dura jusqu'en 1880, bien qu'une forte émigration continuera jusque dans les années 1930. La grande majorité des émigrants quittaient la campagne à la recherche de meilleures terres agricoles et de meilleures perspectives économiques. Avec la Finlande et l'Islande, près d'un tiers de la population a émigré dans les quatre-vingts années qui ont suivi 1850. Une des raisons de cet exode massif était l'accroissement de la population provoquée par la chute du taux de mortalité, qui a augmenté le chômage. La Norvège avait le plus grand pourcentage d'émigrants et le Danemark le plus faible.

Entre 1820 et 1920 un peu plus de deux millions de Scandinaves se sont établis aux États-Unis. Un million sont venus de Suède, 300 000 du Danemark, et 730 000 de Norvège[3]. Le chiffre de la Norvège représente près de 80 % de la population nationale en 1800. Les destinations les plus populaires en Amérique du Nord étaient le Minnesota, l'Iowa, le Dakota, le Wisconsin, le Michigan et les plaines canadiennes de l'Ontario.

4-   Industrialisation

En Scandinavie, l'industrialisation a commencé au milieu du XIXe siècle. Au Danemark, son développement a été limité à Copenhague jusque dans les années 1890, après quoi les petites villes ont commencé à croître rapidement. Le Danemark est resté essentiellement agricole jusqu'au XXe siècle, mais les procédés agricoles ont été modernisées et la transformation des produits laitiers et des viandes est devenue plus importante que l'exportation de produits agricoles bruts.

L'industrialisation de la Suède a connu un boom au cours de la Première Guerre mondiale. La construction d'un chemin de fer reliant le Sud de la Suède aux mines du Nord a été d'une importance primordiale.

5-   Développement de l'État providence

Ces trois pays ont développé la protection sociale dans la première moitié du XXe siècle. Cela a été réalisé en grande partie à cause de la domination des sociaux-démocrates en Suède et au Danemark et, du Parti travailliste en Norvège.

Texte extrait du wikipédia et la dernière modification de cette page a été faite le 15 octobre 2019 à 17:23

DU CHAPITRE II : LE REPENTIR ACTIF DE LA TENTATIVE PUNISSABLE ET LA REPENTANCE

A- DÉLITS INSTANTANÉS ET DÉLITS CONTINUS

On entend par délits instantanés, ceux qui sont accomplis par un acte de très courte durée. Tels le meurtre, le vol, les coups et blessures etc. lorsque le délit est constitué par un acte qui s'étale dans le temps, il s'appelle délit continu. Exemple port d'armes illégal, adultère du mari qui a entretenu sa concubine sous le toit conjugal, séquestration de personnes etc. la distinction des délits instantanés et des délits continus présente un certain intérêt :

Quant à la fixation du point de départ de la prescription du droit de poursuite ;

Pour le cas où un délit continu commence à l'étranger, viendrait s'achever dans le pays, ce délit étant réputé avoir été commis dans les pays ;

Lorsque le délit commence sous l'empire d'une législation et continue sous une autre, il est considéré comme avoir été commis sous la législation nouvelle, même si cette dernière est plus rigoureuse ;

Dans certains cas, la durée du délit peut augmenter la gravité de la peine ;

B- DÉLITS CONTINUS OU RÉPÉTÉS

Le délit continué ou répété suppose une même détermination, un même droit violé, mais plusieurs actions différentes et plus ou moins éloignées les unes des autres. Prenons pour exemple le cas où un domestique vole en plusieurs fois une somme d'argent contenue dans une armoire et appartenant à son maître sans avoir jamais été découvert auparavant ; le cas où plusieurs pièces fausses ont été fabriquées dans le même moule par un faux-monnayeur ; le cas où une femme adultère a eu plusieurs relations suivies avec son complice. Tous ces actes punissables isolément sont considérés comme les diverses phases d'un délit unique puisque l'auteur a toujours le même but, la même résolution et a violé les mêmes droits. Par conséquent il n'y a pas de cumul d'infraction et une seule peine est appliquée contre le coupable ; il n'y a qu'une seule prescription qui commence à la cessation du délit qui n'était que continué ou répété. Le délit continué ou répété ressemble au délit d'habitude en ce que tous les deux sont constitués par une collection d'actes de même nature formant un délit unique ; alors que dans le délit d'habitude, l'acte pris isolément n'est pas punissable au point qu'il faut un certain nombre pour constituer un délit, dans le délit continué ou répété, chaque acte est en soi délictueux ; cependant, quand ces actes répondent à une même détermination, ils sont considérés comme un seul et même délit.

C- DÉLITS SIMPLES ET DÉLITS COLLECTIFS OU D'HABITUDE

Les délits simples sont constitués par un seul acte, qu'il soit instantané ou continu. L'incendie comme la séquestration arbitraire est un délit simple. Les délits collectifs ou d'habitude sont ceux pour lesquels la loi exige non pas un acte isolé, mais une collection d'actes considérée comme délit unique et supposant une habitude, une profession chez le délinquant ; par exemple, l'excitation habituelle des mineurs à la débauche (article 282 du code pénal), l'exercice illégale de la médecine et de pharmacie.

D- DÉLITS COMPLEXES

Dans une première acception, le délit complexe est celui constitué par plusieurs actes simultanés, tel le délit de coups et blessures où la victime peut recevoir au même instant plusieurs coups ou plusieurs blessures. Dans une deuxième acception, le délit complexe peut consister en un seul acte matériel, mais léser plusieurs droits à la fois. Tels sont l'adultère de deux personnes mariés, le cas où d'un même coup de fusil l'agent tue une personne et en blesse une autre. Dans une dernière acception, le délit complexe est celui constitué par plusieurs actes différents qui peuvent être éloignés l'un de l'autre et punissables chacun séparément mais dont l'ensemble forme un tout dans l'esprit de leur auteur, l'un servant de moyen à l'autre. Exemple, ouverture de lettre suivie de vol par un employé de postes, l'escroquerie commise à l'aide de faux. Dans ce cas, il n'y a qu'une seule infraction punissable, car il y a unité de détermination. Mais laquelle de ces infractions doit être punie ? Si la première infraction considérée comme moyen est moins grave ou à la deuxième considérée comme fin, on ne tient compte que de cette dernière infraction, quitte d'aggraver la peine. Ainsi, dans le vol avec effraction, on ne punit que le délit d'effraction qui se confond avec le vol, mais la peine prévue pour le vol simple est aggravée. Si l'infraction commise comme moyen est plus grave que celle commise comme fin, c'est la première seule qui est punie. Par conséquent, on applique au coupable la peine la plus forte, c'est-à-dire celle du crime de faux, et le tribunal criminel est seul compétent en lieu et place du tribunal correctionnel : il y a cumul idéal d'infraction.

E- DÉLITS CONNEXES

Il y a délits connexes :
1) Quand ils ont été commis en même temps par plusieurs personnes réunies, en cas de rixe par exemple ;
2) Lorsque par suite d'un concert arrêté entre diverses personnes, elles se sont préparés pour commettre des infractions ; c'est le cas des malfaiteurs qui s'associent pour exécuter des crimes ou délits projetés à l'avance, même dans des endroits ou des temps différents ;
3) Lorsqu'un délit est commis pour faciliter un autre délit ou pour en assurer l'impunité : le meurtre commis par un voleur pour supprimer un témoin gênant. Les délits connexes sont jugés par le même tribunal et dans la même instance quelle que soit leur gravité et quelque soit l'endroit où ils ont été commis. C'est qu'ils ont entre eux un certain lien qui les rattache et les faits dépendre les uns des autres. La connexité peut provoquer l'aggravation de la peine.

Texte tiré des notes de cours de droit pénal général de l'EDSEG p 15 à 17

DU CHAPITRE III : LA PEINE EN DROIT ET LE SALAIRE DU PÉCHÉ
LE TABLEAU DES PEINES EN DROIT PÉNAL HAÏTIEN

PEINES	**DEGRÉ**	**DURÉE/limite**	**RÉFÉRENCES**	**NATURE :**
Emprisonnement	*Contravention*	*24 heures à 6 mois*	*Articles 383, 384 C.P*	*Principale*
"	*Délit*	*6 jours à 3 ans*	*Articles 9, 26 C.P*	*Principale*
amende	*Contravention*	*1 à 50 gourdes[78]*	*Articles 383 - 387, 409 C.P*	*Principale*
"	*Délit*	*X*	*Article 10 C.P*	*Principale*
"	*Crime*	*X*	*Article 10 C.P*	*Principale*
Confiscation	*Contravention*	*X*	*Articles 383, 389 C.P*	*Complémentaire*
"	*Délit*	*X*	*Article 10 C.P*	*Complémentaire*
"	*Crime*	*X*	*Article 10 C.P*	*Complémentaire*
Restitution	*contravention*	*X*	*Articles 387, 388, 409 C.P*	*Accessoire*
"	*Délit*	*X*	*Article 333 C.P*	*Accessoire*
	Crime	*X*	*Article 333 C.P*	*Accessoire*
Interdiction de certains droits politiques, civils ou de famille	*Délit*	*X*	*Articles 9, 28-30 C.P*	*Accessoire*
"	*Crime*	*X*	*Articles 17, 18 C.P*	*Accessoire*
Destitution	*Délit*	*X*	*Articles 9, 30 C.P*	*Complémentaire*
Dégradation civique	*Délit*	*X*	*Article 23 C.P*	*Accessoire*
Travaux forces à perpétuité	*Crime*	*A vie*	*Article 7 C.P*	*Principale*
Travaux forces à temps	*Crime*	*3 à 15 ans*	*Articles 7, 19 C.P*	*Principale*
Détention	*Crime*	*10 à 20 ans*	*Articles 7, 19 bis C.P*	*Principale*
Réclusion	*Crime*	*3 à 9 ans*	*Articles 7, 20 C.P*	*Principale*

---

[78] *À l'exception des lois spéciales telles que celle sur la circulation routière dont l'amende peut aller jusqu'à 10,000 gourdes (article 34, 35 et 36).*

ANNEXE # 6

DU CHAPITRE X : LE PRINCIPE DE L'AUTORITÉ SELON LA LOI ET LA BIBLE

LES DIFFÉRENTS RÉGIMES D'AUTORITÉ POLITIQUE

A-   LA MONARCHIE

La monarchie (du grec mono « seul », arke « pouvoir » : « pouvoir d'un seul ») est un système politique où l'unité du pouvoir est symbolisée par une seule personne, appelée « monarque ». Elle n'est ni nécessairement une royauté, ni nécessairement héréditaire : il a toujours existé des monarchies électives, par exemple les rois chez les Gaulois, ou les doges dans la république de Venise. Selon la définition de Montesquieu, une monarchie se définit par le gouvernement absolu d'un seul, mais ce pouvoir est limité par des lois.

La monarchie est constitutionnelle, lorsque les pouvoirs du monarque sont définis par une constitution écrite qui fixe des lois fondamentales prévoyant une séparation des pouvoirs. Il est souvent admis, lorsque l'État est menacé par une guerre étrangère ou civile, qu'une loi martiale lui donne provisoirement tous les pouvoirs : la monarchie devient alors, au sens antique, une dictature (comme l'exerçaient les consuls ou les généraux romains en cas de graves problèmes).

La monarchie est parlementaire lorsque le chef du gouvernement, nommé par le roi lorsqu'il y en a un, est responsable devant le Parlement, dans ce cas le monarque est le représentant de l'État au titre de chef de l'État, un arbitre, et le garant de la continuité des institutions (exemples : Royaume-Uni, Espagne, Belgique).

La monarchie est absolue lorsque le monarque détient tous les pouvoirs. Certains parlent alors de régime despotique. Toutefois, le monarque est généralement limité dans les faits par un ensemble de traditions et de coutumes, plus ou moins codifiées, comme les lois fondamentales du royaume de France, tandis qu'un despote ou un tyran n'est limité par aucun pouvoir supérieur.
C'est ainsi que Louis XIV s'est vu refuser par le Parlement de Paris l'enregistrement du traité d'Utrecht sur la partie où le roi renonçait au trône de France pour son petit-fils Philippe (devenant roi d'Espagne) et sa descendance. Le Parlement de Paris a rappelé au « Roi-Soleil » que personne, même lui, ne peut disposer de la dévolution de la couronne qui se fait indépendamment de lui selon un ordre prévu par les lois fondamentales du royaume (loi salique de primogéniture mâle pour la France).

Le monarque absolu, à la différence du monarque constitutionnel, représente au sens propre du mot la « monarchie » en ce sens que tout le pouvoir repose sur un seul être : le roi, qui regroupe les trois pouvoirs de l'État : législatif, exécutif et judiciaire. S'il dirige le royaume lui-même avec ses ministres et « en ses conseils », il rend la justice par le biais de tribunaux et de cours (c'est la justice « distributive », chaque sentence étant écrite « de par le roi », et édicte tous les textes législatifs que l'assemblée des trois ordres (clergé, noblesse et tiers état) préconise quand le roi les regroupe lors des états généraux. Mais à bien regarder, cela perdure encore aujourd'hui puisqu'une loi ne peut être applicable qu'une fois que le décret d'application a été signé par le pouvoir exécutif.

B- LA ROYAUTÉ

La royauté est un régime politique dans lequel le chef d'un État porte le titre de roi.

En France, depuis le XVIIe siècle, la royauté est de plus en plus souvent désignée par le terme impropre de monarchie qui désigne l'ensemble des régimes politiques dans lesquels une seule personne exerce le pouvoir suprême. La royauté ne doit pas non plus être confondue avec d'autres formes politiques comme l'empire, ni avec la tyrannie qui est un régime où celui qui exerce le pouvoir est affranchi de toute limitation.

Autres modes de désignation du roi :

- **Dynastie** : le fils ou fille aîné(e) devient roi ou reine lors du décès ou du renoncement au trône de celui-ci. C'est le cas de la plupart des rois de France, malgré l'invalidité selon les lois fondamentales de toute abdication. En cas d'absence de descendance directe, la royauté échoit à l'héritier le plus proche selon des règles diverses et souvent sources de contestations. Voir par exemple la « loi salique ».

- **Désignation** : le roi en exercice désigne ou fait désigner son successeur lui-même, de son vivant. Cas de nombreux empereurs romains qui recouraient pour cela à la fiction d'une adoption de leur successeur. Ce problème était réglé en France où l'adoption n'a pas été admise dans le droit civil jusqu'au XIXe siècle. Voir Népotisme.

- **Élection** : le roi est élu par ses pairs et parmi ceux-ci. Les pairs sont généralement les nobles du royaume en question. Selon la tradition des Francs, Hugues Capet, le fondateur de la dynastie qui porte son nom, fut élu en 987.

- **Auto-proclamation** : un individu prend le pouvoir par un moyen quelconque et se proclame roi : cas des fondateurs de dynastie (également nommés usurpateurs par les partisans éventuels de la dynastie précédente).

Un roi ou une reine demeure en fonction jusqu'à sa mort, sa déposition ou son abdication. Cette dernière n'était cependant pas admise pour la couronne de France.

Afin de s'assurer avec certitude de la filiation, les reines de France devaient accoucher en public.

Quel que soit le mode d'accession au trône, la royauté tire son autorité dans une certaine forme de continuité, résumée par exemple en France par l'expression : « Le roi est mort, vive le roi ! ». Il n'y a pas d'idée de rupture, la légitimité venant de la sacralité de la fonction et la continuité étant le signe de la permanence du lien. La fonction comme telle est immortelle, puisque sacrale, le roi d'une certaine manière se retrouve dans ses descendants, ou ses successeurs.

C- L'EMPIRE

Un empire désigne une forme de communauté politique[1] unissant des peuples différents autour d'un pouvoir central unique et ne dépendant pas d'un autre souverain, temporel ou spirituel.

La notion d'empire implique, jusqu'à la fin du XIXe siècle, l'idée d'une structure fédérale couvrant l'ensemble du monde connu, sur le modèle de l'Empire romain et de la Pax Romana. Elle est aussi très prégnante dans la philosophie politique où, de Dante à Kant en passant par Vico et Machiavel, la notion d'empire est vue comme la façon d'assurer la paix[2]. Au contraire, à la fin du XIXe siècle, on assistera à une lutte entre empires concurrents Empire allemand, Empire britannique, Empire du Japon (Sphère de coprospérité de la grande Asie orientale ; expansionnisme du Japon, Russie impériale, etc.). Pour Hobson, le lien qu'il y avait entre empire et internationalisme va être rompu.

Les empires fondés sur la terre, comme l'Empire romain ou la Russie impériale, ont tendance à être monolithiques ; les empires maritimes, comme l'empire de Crète incarné par le Minos qui précède l'empire athénien et celui de Carthage, ou l'empire britannique, ont des structures plus lâches et des territoires éparpillés. Généralement, la création d'un empire implique une ou plusieurs conquêtes militaires considérées dans les meilleurs des cas comme une unification et un destin (Haute et Basse Égypte, sept royaumes de Chine).

En fait, la notion d'empire est assez floue, car elle ne renvoie pas à une organisation politique précise. On emploie ce terme pour désigner autant des républiques (Athènes au Ve siècle av. J.-C.) que des monarchies (l'Autriche au XIXe siècle), ou des confédérations (le Saint-Empire romain germanique au Moyen Âge). De même, ce vocable désigne tantôt des démocraties (la France de la Troisième République), tantôt des dictatures (l'empire russe au XIXe siècle), ou encore des oligarchies (l'Empire romain).

Les historiens sont d'ailleurs divisés sur le sujet. Selon Moses Finley, est empire tout « exercice durable par un État d'une autorité, d'un pouvoir, ou d'un contrôle sur un ou plusieurs États, communautés ou peuples » ; à cette conception très large s'oppose celle de Jean Tulard, pour lequel n'est empire que ce qui possède les cinq traits suivants :
- une volonté expansionniste ;
- une organisation centralisée ;
- des peuples encadrés par une armature politique et fiscale commune ;
- la croyance en une supériorité d'essence ;
- un début et une fin clairement identifiés.

D- L'ARISTOCRATIE

Une aristocratie est un régime politique dans lequel le pouvoir est officiellement détenu par une élite minoritaire mais dominante : caste, noblesse ou classe sociale, représentants élus ou cooptés, élite intellectuelle ou technocratique, voire philosophique... On désigne également par aristocratie les membres de cette élite, que ce soit des nobles ou des élus, des notables ou des riches, une nomenklatura ou un establishment, ou tout autre forme d'élite visible ou cachée.

Le terme aristocratie vient des racines grecques aristoi (ἄριστοι), les meilleurs, et kratos (κράτος), pouvoir, autorité, gouvernement. À partir de la Révolution, aristocratie a été employée à tort pour désigner la noblesse exclusivement, ce qui lui a fait perdre son sens plus général, surtout en français.

On peut rapprocher ou distinguer l'aristocratie de l'oligarchie, dans laquelle une minorité bien définie détient l'essentiel du pouvoir : les deux notions se recouvrent en grande partie, mais peuvent néanmoins être distinguées. L'oligarchie ne présuppose pas qu'il s'agit d'une élite, autoproclamée ou non (il peut s'agir d'une sélection par l'argent par exemple), tandis que l'aristocratie ne présuppose pas une minorité bien définie. Néanmoins, les idées restent proches et la confusion se justifie aussi du fait que, par l'idéologie du pouvoir, les puissants sont préjugés former une élite (qui devient donc autoproclamée). Ainsi, les deux termes sont couramment employés indifféremment.

E- LA TYRANNIE

Un tyran (du grec ancien τύραννος / túrannos), désigne dans l'Antiquité grecque un individu disposant d'un pouvoir absolu, après s'en être emparé de façon illégitime. Le mot tyran, peut-être d'origine lydienne, a été appliqué pour la première fois au VIIIᵉ siècle av. J.-C. au roi lydien Gygès par le sophiste Hippias d'Élis. Le terme prit très vite un sens péjoratif, notamment à Athènes, impliquant que le tyran abuse de son pouvoir : la nature du pouvoir tyrannique se reconnaît en effet à ce que le tyran, sans abolir les lois, se place au-dessus d'elles. La perversion de ce régime tient aussi au fait que « la tyrannie cumule les vices de la démocratie et ceux de l'oligarchie », en raison de l'amour du tyran pour les richesses et de son hostilité à l'égard du peuple qu'il désarme et asservit. En outre, ce régime se caractérise par son arbitraire, le tyran étant « celui qui, dans la cité, exerce son autorité selon ses propres vues » ; Platon utilise presque les mêmes termes dans Le Politique, et le sous-entend en le décrivant dans le Gorgias[6]. Sur le plan politique, il y a une différence entre « tyrannie » et « despotisme » : dans la Grèce antique, un tyran était un homme qui disposait d'un pouvoir assuré par la force ; ce pouvait être un ancien magistrat, parfois même un esclave, arrivé au pouvoir après un coup d'État, par ruse plus que par violence. Les tyrans ne prirent jamais officiellement le titre de tyran, et il n'y eut pas de titre général et officiel pour les désigner, c'est pourquoi on leur donne le nom dont leurs ennemis les stigmatisaient.

F- LA DICTATURE

Le terme vient du latin dictatura, qui désignait, à l'époque de la République romaine, une magistrature exceptionnelle qui attribuait tous les pouvoirs à un seul homme (le dictateur – étymologiquement « celui qui parle »). Cette magistrature suprême, assortie de règles de désignation précises et temporaires (six mois maximum), était accordée en cas de danger grave contre la République. Tombée en désuétude à la fin du IIIe siècle av. J.-C., reprise par Sylla et Jules César, la dictature est abolie après la mort de ce dernier.

Le mot dictateur désigne actuellement ce que l'on appelait plutôt tyran dans l'Antiquité ou despote dans l'Ancien Régime. Cette acception qui s'est développée pendant la Révolution française sert surtout pour la période contemporaine.
Aristote, dans sa typologie des régimes, fait de la tyrannie une forme corrompue de gouvernement par un seul, la monarchie. Montesquieu, dans son ouvrage De l'esprit des lois, propose une typologie fondée sur les gouvernés : le despotisme est alors un gouvernement qui ne respecte pas les libertés des individus et dont le principe est la crainte. Dans le domaine de la politique, on appelle « dictature » un régime dans lequel une personne (dictateur), ou un groupe de personnes, disposant d'un pouvoir absolu, s'y maintient de manière autoritaire et l'exerce de façon arbitraire.

Le caractère absolu du pouvoir se caractérise notamment par l'absence de séparation des pouvoirs (exécutif, législatif, judiciaire). Cette confusion des pouvoirs peut l'être au profit de l'exécutif (cas le plus courant) ou au profit du pouvoir législatif (régime d'assemblée). Il résulte aussi de l'absence de contrôle démocratique et d'élections libres (répression politique des opposants, le non-respect de la liberté de la presse).

Le caractère arbitraire du pouvoir se traduit par le non-respect de l'État de droit (violation de la Constitution, établissement de lois d'exceptions). Si beaucoup de dictateurs arrivent au pouvoir à la suite d'un coup d'État (en Afrique et en Amérique du Sud notamment) ou d'une guerre civile (Francisco Franco), il arrive qu'un dirigeant parvienne au pouvoir légalement avant de devenir un dictateur (ce fut le cas d'Adolf Hitler ou de Kim Il-sung) ou le soit dans un régime de parti unique (ce fut le cas de Lénine et de Staline).

Il faut préciser que même un régime autoritaire peut avoir des lois, des institutions, voire un parlement avec des députés élus, mais pas librement et ne représentant donc pas des contre-pouvoirs.

G- LA DEMOCRATIE

Le terme démocratie (du grec ancien δημοκρατία / dēmokratía, combinaison de δῆμος / dêmos, « territoire » (de daiesthai, « partager ») puis « peuple » (en tant qu'ensemble de tous les citoyens de la cité), et kratein (« commander »), désigne à l'origine un régime politique dans lequel les citoyens ont le pouvoir. Elle peut aussi désigner ou qualifier plus largement une forme de société, la manière de se gouverner qu'adopte une organisation ou encore un système de valeurs.

Selon la formule d'Abraham Lincoln (16e président des États-Unis de 1860 à 1865) prononcée lors du discours de Gettysburg, la démocratie est « le gouvernement du peuple, par le peuple, pour le peuple ». C'est l'une des définitions canoniques couramment reprises, notamment dans l'article 2 de la Constitution de 1958 de la Cinquième République française (Titre Ier : De la souveraineté). Cette définition est proche du sens étymologique du terme démocratie.

Cependant, elle reste susceptible d'interprétations différentes, aussi bien quant à la signification concrète de la souveraineté populaire que pour son application pratique, par exemple selon que la démocratie est directe (le peuple vote les lois) ou représentative (le peuple élit des représentants qui votent les lois). Cette difficulté d'interprétation apparaît clairement au regard de la diversité des régimes politiques qui se sont revendiqués ou se revendiquent comme démocratie. Ainsi, la distinction entre ce qui est une démocratie et ce qui n'en est pas est toujours en débat.

Jean-Jacques Rousseau considère par exemple que la démocratie ne peut être que directe : « La souveraineté ne peut être représentée, par la même raison qu'elle ne peut être aliénée ; elle consiste essentiellement dans la volonté générale et la volonté générale ne se représente point ». Pour John Dewey (1859-1952), philosophe américain, celle-ci est avant tout une manière de vivre.

On fait également une distinction entre la notion de « peuple » et celle plus restrictive de « citoyens » : tous les membres du peuple ne sont pas automatiquement des citoyens. La démocratie peut être aussi définie par opposition, notamment dans la classification d'Aristote et de Polybe :
- aux systèmes monarchiques, où le pouvoir est détenu par un seul (μόνος/monos = seul, unique). Mais il existe des monarchies parlementaires.
- aux systèmes oligarchiques, où le pouvoir est détenu par un groupe restreint d'individus (ὀλίγος/oligos = en petite quantité, peu abondant).
- aux systèmes de dictature ou de tyrannie. Karl Popper, par exemple, considère qu'un régime est démocratique s'il permet aux citoyens de contrôler ses dirigeants et aussi de les évincer sans recourir à la violence. Karl Popper a présenté cette théorie dans son ouvrage La société ouverte et ses ennemies et fait un résumé de sa conception dans le livre Toute vie est résolution de problèmes.
- aux systèmes aristocratiques, où le pouvoir est détenu par ceux considérés comme « les meilleurs ». Francis Dupuis-Déri considère qu'en France ou aux États-Unis

au XVIIIe siècle, l'aristocratie héréditaire (sous le régime monarchique) a été remplacée par une aristocratie élue : selon lui, l'élection, mécaniquement, consiste à choisir les meilleurs d'entre nous pour des fonctions qui exigent des connaissances, et elle est une procédure d'auto-expropriation du pouvoir par les citoyens, qui le confient aux élus.

Par ailleurs, le terme de démocratie ne se réfère pas uniquement à des formes de gouvernement, mais peut aussi désigner une forme de société ayant pour valeurs l'égalité et la liberté (c'est notamment l'usage qu'en fait Alexis de Tocqueville, qui s'attache plus aux dimensions culturelles et psychologiques qu'au système politique en lui-même).

Texte extrait du wikipédia et la dernière modification de cette page a été faite le 25 octobre 2019 à 20:13

LES IMMUNITÉS DIPLOMATIQUES

L'immunité diplomatique est une protection offerte par tout État aux diplomates qui le représentent à l'étranger, ainsi qu'à leur famille. Bien que son origine remonte à l'Antiquité, ses principes ont été renforcés de 1961 à 1964 par les conventions de Vienne. Elle permet à certaines personnes ayant des comportements répréhensibles d'échapper à toute sanction judiciaire, sous réserve que ces comportements aient lieu dans l'exercice des fonctions diplomatiques. Elle s'applique également quand le diplomate n'est pas dans son pays de représentation mais en transit dans un autre pays (lui-aussi signataire des conventions).

Il était prévu que l'immunité diplomatique puisse être levée en cas de crimes, et ce par le pays d'origine, pas par le pays de représentation. Certains États pratiquent des levées « partielles » d'immunité, par exemple pour pouvoir classer sans suite une enquête, qui autrement resterait ouverte pour rechercher un auteur non immunisé. Dans les faits jamais une immunité n'a été complètement levée, du moins concernant des crimes et récidives de crimes commis en France.

Le gouvernement français étant plus expansif que les conventions ne l'exigent, l'immunité est systématique en France, pour les diplomates, l'ensemble du personnel lié à une représentation quelle que soit sa forme (ambassade, consulat, représentation commerciale...), ainsi qu'à toute leur famille, invités et employés de maison, et ce en toute situation, c'est-à-dire même en dehors de l'exercice des fonctions diplomatiques.

A-   HISTOIRE

En Inde, une première application de l'immunité aurait été trouvée dans les voyages racontés dans l'épopée du Rāmāyaṇa (IVe siècle). Dans la Grèce antique, les messagers d'un gouvernement étranger ne bénéficiaient d'aucune immunité, et étaient quelquefois tués lorsqu'ils apportaient de mauvaises nouvelles : ceci a été le cas des envoyés de Darius Ier demandant la soumission des cités grecques, qui ont été noyés à Sparte dans des puits.

À la Renaissance, l'immunité diplomatique n'était toujours pas de coutume. Ainsi, en 1538, François Ier avait fait rouer de coups l'ambassadeur d'Henri VIII, Edmund Bonner, pour comportement insolent.

En 1709, le Parlement britannique est le premier à instituer l'immunité diplomatique après qu'Andreï Artamonovitch Matveïev, un Russe résidant à Londres, a été victime de violences verbales et physiques de la part d'huissiers anglais.

De 1961 à 1964 l'immunité diplomatique est instituée par convention, les négociations se déroulent à Vienne en Autriche, ville située sur le rideau de fer. Le texte est connu sous le nom de convention de Vienne sur les relations diplomatiques.

B- APPLICATION

L'immunité diplomatique ne couvre, en principe, que les délits ou erreurs commis par un diplomate dans l'exercice de ses fonctions. Ainsi un diplomate ne pourrait pas prétendre bénéficier de l'immunité diplomatique pour des affaires privées. Elle permet cependant dans certains cas à certaines personnes ayant des comportements répréhensibles d'échapper à toute sanction judiciaire.

L'immunité diplomatique porte sur un ensemble de privilèges accordés par le pays hôte aux membres du corps diplomatique d'un pays tiers et à leur famille durant leur séjour en poste dont principalement :

exonération fiscale des diplomates et leurs employés mais aussi leurs familles ;
inviolabilité des ambassades et liberté des communications (valise diplomatique) ;
aucune poursuite judiciaire durant le mandat du diplomate envers sa famille et lui-même.

C- LEVÉE DE L'IMMUNITÉ DIPLOMATIQUE

L'immunité diplomatique ne peut être levée, à des fins judiciaires graves tels qu'un crime ou un blanchiment d'argent avec preuves, qu'avec l'autorisation du pays dont l'agent diplomatique ou l'ambassadeur assure la représentation par l'accord écrit du Premier ministre (ou l'équivalent) contresigné par le ministre des Affaires étrangères de son pays d'origine. Autrement, le pays hôte ne peut qu'expulser l'ambassadeur et/ou le personnel diplomatique ainsi que les membres de sa famille qu'il estime persona non grata. Le diplomate considéré comme « non désiré » retourne dans son pays d'origine et est habituellement démis de ses fonctions, mais dans la majorité des cas aucune poursuite n'est intentée.

L'article 44 de la Convention de Vienne sur les relations diplomatiques de 1961 dispose que les privilèges et immunités sont inaliénables, y compris en cas de rupture des relations diplomatiques ou de conflit entre les États (auquel cas l'État accréditant doit fournir une aide logistique au retour des personnes et des biens). Cette mesure ne concerne pas les ressortissants du pays d'accueil qui jouiraient d'un statut diplomatique.

D- CAS CÉLÈBRES

Hannibal Kadhafi, dans les années 2000, fait prévaloir plusieurs fois son immunité diplomatique en dehors de l'exercice de ses fonctions diplomatiques pour des crimes et délits, qu'il aurait commis en privé, à chaque fois son immunité est acceptée, par au moins quatre pays européens différents[3].

Dominique Strauss-Kahn en 2011 alors qu'il était accusé de violences sexuelles sur une employée d'un hôtel a tenté de faire prévaloir son immunité diplomatique résultant de ses fonctions au Fonds monétaire international. Mais les griefs qui lui étaient reprochés relevaient d'une affaire privée, et l'immunité diplomatique du FMI différant de celle décrite dans la Convention de Vienne, son immunité n'a pas été acceptée par l'État de New York.

Le 4 juin 2013, l'ambassadeur suisse auprès de l'OCDE, Stefan Flückiger, ivre au volant (0,83 gramme d'alcoolémie dans le sang), a forcé un barrage policier au niveau du quai Saint-Bernard avec sa voiture de fonction. Après une course poursuite, les policiers ont ouvert le feu sur sa voiture alors qui roulait à grande vitesse et à contre-sens au niveau du boulevard Saint-Germain. Il n'a fait l'objet d'aucune poursuite judiciaire et a été maintenu à son poste à la suite de l'incident.

En juin 2014, le ministère français des Affaires étrangères demande au ministère de l'Intérieur d'effacer du FNAEG un auteur de crimes ou de délit à caractère sexuel ayant un parent diplomate. Selon la logique du gouvernement français, un tel individu « immunisé » interpellé en flagrance et reconnaissant les faits, ne peut être poursuivi judiciairement, dès lors il ne peut être fiché.

La dernière modification de cette page a été faite le 25 février 2019 à 16:25.

ANNEXE # 8

DU CHAPITRE XV : LES DROITS DE L'HOMME ET LA PROTECTION SOCIALE

LA CRISE DE 1929

Cette crise qui survint dix ans après la première guerre mondiale (1914 – 1918), fut très impressionnante particulièrement par la misère profonde de dizaines de millions d'êtres humains qu'elle a entraînée. En dehors des problèmes de surproduction, la crise de 1929 fut la conséquence d'un excès d'engouement pour des entreprises boursières qui étaient intenses aux États-Unis, devenus les banquiers du monde.

Des États-Unis, cette crise passa en Europe où elle s'est trouvée amplifiée par les conditions déjà défavorables de différents pays. En quelques mois, près de douze millions d'ouvriers en Amérique seulement furent en chômage et le reste de la population active travailla pour des salaires extrêmement bas. Le chômage sera la principale forme de la misère due à cette crise : 1, 500, 000 chômeurs en 1930 ; 2, 200, 000 en 1932 dont 300, 000 en France.

Après la crise de 1929, c'est seulement alors que furent apportées aux formes traditionnelles du capitalisme libéral des modifications considérables. Rappelons l'expérience Roosevelt aux États-Unis. Le président Francklin Delano Roosevelt s'est engagé délibérément après son élection en 1930, dans la voie de l'économie dirigée. Il a été l'un des premiers à faire peser tout le poids de l'autorité de l'État dans la conjoncture économique, il a inauguré les premières mesures d'action sur les salaires et surtout sur les prix. C'est d'alors que date l'action directe de l'État en matière proprement économique.

La France et l'Angleterre ont imité chacune en sa manière les États-Unis. L'État a fait d'autres interventions décisives au profit de la masse susceptible de tous les risques sociaux. Le pouvoir public a organisé une véritable redistribution de la richesse, en France comme en Angleterre, en étendant considérablement le régime de la sécurité sociale et des allocutions familiales. Ces deux systèmes prélèvent sur le circuit du revenu national des sommes considérables, les redistribuent à tous ceux qui sont affectés par la maladie, les accidents, le chômage, la vieillesse et les charges de famille, atténuant ainsi la plus criante inégalité.

Entre temps, après les efforts considérables du président Roosevelt pour mettre en ordre l'économie américaine que la crise d'octobre 1929 avait profondément bouleversée, la législation de 1935 préfigurait déjà les plans modernes de la sécurité sociale. En 1941, une nouvelle théorie générale complète du problème apparaît avec le rapport de Beveridge. Cette étude pose le principe d'une extension de la sécurité sociale à la totalité de la population, ainsi apparaît l'idée d'un droit à chacun à la sécurité sociale car pour répéter Beveridge : " l'indigence est un scandale pour les sociétés modernes"[79]

Extrait des notes de cours de Sécurité Sociale du feu professeur Carl Hérard, 4e année 1998-1999, FDSE

---

[79] *REMOND, René.- Histoire économique 19e et 20e siècle, tome 2, collection U, 3e édition*

LA CORRUPTION
Les infractions qualifiées de corruption

Au regard de l'article 5 de la loi du 12 mars 2014 portant prévention et répression de la corruption, sont considérés comme actes de corruption en Haïti, les faits suivants : la concussion, l'enrichissement illicite, le blanchiment du produit du crime, le détournement de biens publics, l'abus de fonction, le pot-de-vin, les commissions illicites, la surfacturation, le trafic d'influence, le népotisme, le délit d'initié, la passation illégale de marchés publics, la prise illicite d'intérêts, l'abus de biens sociaux, l'abus de fonctions et tous autres actes qualifiés comme tels par la loi.

La concussion est le fait par tous fonctionnaires, tous officiers publics, tout agent public de l'administration publique nationale, tous percepteurs des droits, taxes, deniers, revenus publics ou communaux, qui se sont rendus coupables du crime de concussion, en ordonnant de percevoir ou en exigeant ou recevant ce qu'ils savaient n'être pas du pour droits, taxes, deniers ou revenus, ou pour salaires ou traitements, sont punis de la réclusion[80].

L'enrichissement illicite est le fait par toute personnalité politique, tout agent public, tout fonctionnaire, tout magistrat ou tout membre de la force publique qui ne peut raisonnablement justifier une augmentation disproportionnée de son patrimoine par rapport à ses revenus légitimes[81].

Le blanchiment du produit du crime est le fait par toute personne physique ou toute personne morale de faciliter par tout moyen, la justification mensongère de l'origine des biens ou des revenus de l'auteur d'un acte de corruption ayant procuré à celui-ci un profit directe ou indirect ou d'apporter un concours à une opération de placement ou de dissimulation ou de conversion du produit de cet acte[82].

Le détournement de biens publics est le fait par toute personne de détourner à des fins autres que leur affectation, pour son usage personnel ou pour celui d'un tiers, un bien quelconque appartenant à l'État, à une collectivité territoriale, à une institution indépendante

---

[80] Article 5.1 de la loi du 12 mars 2014
[81] Article 5.2 de la loi du 12 mars 2014
[82] Article 5.3 de la loi du 12 mars 2014

ou à un organisme autonome, qui les avait reçu en dépôt, en gestion ou pour toute autre cause en raison de sa fonction[83].

L'abus de fonction *est le fait par un agent public, d'abuser de ses fonctions ou de son poste, c'est-à-dire d'accomplir, dans l'exercice de ses fonctions, un acte en violation des lois afin d'obtenir un avantage indu pour lui-même, une autre personne ou entité[84].*

Le pot-de-vin *est le fait par tout fonctionnaire, tout agent public, ou tout représentant de l'État qui, dans l'exercice de ses fonctions, de solliciter ou d'accepter un pot-de-vin, c'est-à-dire une valeur ou tout autre bien offert pour octroyer un avantage illégal ou indu[85].*

Les commissions illicites *sont le fait par tout fonctionnaire, tout agent public ou tout représentant de l'État qui, dans l'exercice de ses fonctions, de s'accorder ou d'accepter le paiement d'une commission sur une transaction dont il était chargé d'ordonnancer le paiement, d'en négocier les termes ou d'en faire la liquidation[86].*

La surfacturation *est le fait par tout fonctionnaire, tout agent public ou tout représentant de l'État de procéder ou de faire procéder à la facturation, pour un montant plus élevé que le coût réel, d'un bien ou d'un service à acquérir pour le compte de l'État ou d'une entité de l'administration publique nationale, d'un organisme autonome ou d'une collectivité territoriale[87].*

Le trafic d'influence *est le fait par quiconque de solliciter ou d'agréer des offres, dons ou promesses pour abuser d'une influence réelle ou supposée dans le but de faire obtenir d'une autorité ou d'une administration publique, des distinctions, des emplois, des marchés ou tout autre décision favorable pour un tiers[88].*

Le favoritisme *est le fait par tout agent public, tout fonctionnaire ou tout magistrat, d'user de sa position, de son crédit ou de son influence pour procurer un avantage indu ou un emploi public, au mépris des règles de recrutement établies[89].*

Le délit d'initié *est le fait par quiconque d'utiliser pour son propre avantage ou pour celui d'un tiers des informations réservées ou privilégiées qu'il a obtenues dans l'exercice de ses*

---

[83] *Article 5.4 de la loi du 12 mars 2014*

[84] *Article 5.5 de la loi du 12 mars 2014*

[85] *Article 5.6 de la loi du 12 mars 2014*

[86] *Article 5.7 de la loi du 12 mars 2014*

[87] *Article 5.8 de la loi du 12 mars 2014*

[88] *Article 5.9 de la loi du 12 mars 2014*

[89] *Article 5.10 de la loi du 12 mars 2014*

fonctions et portant sur la passation des marchés publics ou sur les perspectives d'évolution d'un marché réglementé[90].

La passation illégale de marchés publics *est le fait par quiconque d'attribuer, d'approuver, de conclure ou d'exécuter délibérément un marché public en violation de la réglementation relative à la passation de marchés publics.[91]*

La prise illicite d'intérêts *est le fait par une personne dépositaire de l'autorité publique ou chargée d'une mission de service public ou par une personne investie d'un mandat électif public, de prendre, recevoir ou conserver, directement ou indirectement, un intérêt quelconque dans une entreprise ou dans une opération dont elle a, au moment de l'acte, en tout ou en partie, la charge d'assurer la surveillance, l'administration, la liquidation ou le paiement[92].*

L'abus de biens sociaux *est le fait par tout dirigeant d'une société commerciale ou d'une entreprise privée dans laquelle l'État a des participations, ou tout dirigeant d'une organisation non gouvernementale (ONG), d'une fondation ou d'une coopérative bénéficiant de dons ou de subventions publiques ou de franchises douanières, qui fait des biens de ladite société, entreprise, ONG, fondation ou coopérative, un usage contraire à l'intérêt de celle-ci, à des fins personnelles ou pour favoriser un tiers directement ou indirectement[93].*

---

[90] *Article 5.11 de la loi du 12 mars 2014*

[91] *Article 5.12 de la loi du 12 mars 2014*

[92] *Article 5.13 de la loi du 12 mars 2014*

[93] *Article 5.14 de la loi du 12 mars 2014*

CORRECTUM

DU QUIZ DU CHAPITRE I

1- Vrai ou faux ($1/2$ pt) :

    a) vrai   b) vrai   c) faux   d) vrai   e) faux

2- Complétez ($1/2$ pt) :

    a) connaissance   b) justice   c) réclamation d) harmonisation   e) égalité

3- Faites correspondre (1 pt) :

    a) 5   b) 3   c) 1   d) 4   e) 2

DU QUIZ DU CHAPITRE II

1- Vrai ou faux ($1/2$ pt) :

    a) faux   b) vrai   c) vrai   d) faux   e) faux

2- Complétez ($1/2$ pt) :

    a) relativité   b) acte extérieur   c) manquée   d) repentir actif   e) dénégation

3- Faites correspondre (1 pt) :

    a) 3   b) 5   c) 1   d) 2   e) 4

DU QUIZ DU CHAPITRE III

1- Vrai ou faux ($1/2$ pt) :

    a) faux   b) vrai   c) faux   d) vrai   e) vrai

2- Complétez ($1/2$ pt) :

    a) prévenir   b) société   c) accessoires d) personne   e) punir

3- Faites correspondre (1 pt) :

    a) 3   b) 1   c) 4   d) 2   e) 5

DU QUIZ DU CHAPITRE IV

1- Vrai ou faux ($1/2$ pt) :

    a) vrai   b) faux   c) vrai   d) faux   e) vrai

2- Complétez ($1/2$ pt) :

    a) impunité   b) suspension c) éteint   d) recours   e) souveraineté

3- Faites correspondre (1 pt) :

    a) 4   b) 2   c) 1   d) 5   e) 3

DU QUIZ DU CHAPITRE V

1- Vrai ou faux ($1/2$ pt) :

    a) faux   b) faux   c) vrai   d) vrai   e) vrai

2- Complétez ($1/2$ pt) :

    a) pensée   b) indirecte   c) complices d) moyens   e) mystérieux

3- Faites correspondre (1 pt) :

    a) 2   b) 4   c) 3   d) 1   e) 5

DU QUIZ DU CHAPITRE VI

1- Vrai ou faux ($1/2$ pt) :

      a) vrai   b) faux   c) vrai   d) vrai   e) faux

 2- Complétez ($1/2$ pt) :

      a) contractuelle   b) réparer   c) politique   d) majorité   e) juridictions

3- Faites correspondre (1 pt) :

      a) 4   b) 5   c) 1   d) 2   e) 3

DU QUIZ DU CHAPITRE VII

1- Vrai ou faux ($1/2$ pt) :

      a) vrai   b) vrai   c) vrai   d) vrai   e) faux

2- Complétez ($1/2$ pt) :

      a) prescrire   b) hypothèque c) jachères   d) propriétaire   e) indivision

3- Faites correspondre (1 pt) :

      a) 3   b) 1   c) 5   d) 4   e) 2

DU QUIZ DU CHAPITRE VIII

1- Vrai ou faux ($1/2$ pt) :

      a) faux   b) faux   c) faux   d) vrai   e) vrai

2- Complétez ($1/2$ pt) :

      a) filiation   b) égalité   c) honneur   d) succession e) partage

3- Faites correspondre (1 pt) :

      a) 2   b) 3   c) 5   d) 1   e) 4

DU QUIZ DU CHAPITRE IX

1- Vrai ou faux ($1/2$ pt) :

      a) faux   b) vrai   c) vrai   d) faux   e) vrai

2- Complétez ($1/2$ pt) :

      a) défaut   b) majorité   c) inceste   d) publication   e) contrat de mariage

3- Faites correspondre (1 pt) :

      a) 5   b) 4   c) 1   d) 2   e) 3

DU QUIZ DU CHAPITRE X

1- Vrai ou faux ($1/2$ pt) :

      a) faux   b) faux   c) vrai   d) vrai   e) faux

2- Complétez ($1/2$ pt) :

      a) restreint   b) État   c) autorité   d) pouvoir   e) peuple

3- Faites correspondre (1 pt) :

      a) 5   b) 3   c) 2   d) 1   e) 4

DU QUIZ DU CHAPITRE XI

1- Vrai ou faux ($1/2$ pt) :

      a) vrai   b) vrai   c) vrai   d) vrai   e) vrai

2- Complétez ($1/2$ pt) :

      a) négatif   b) tenu   c) autorité   d) engage   e) responsabilité

3- Faites correspondre (1 pt) :

      a) 4   b) 3   c) 2   d) 1   e) 5

DU QUIZ DU CHAPITRE XII

1- Vrai ou faux ($1/2$ pt) :

      a) faux   b) faux   c) faux   d) vrai   e) faux

2- Complétez ($1/2$ pt) :

      a) nationalité   b) acquisition c) redevable d) citoyen   e) choix

3- Faites correspondre (1 pt) :

      a) 5   b) 1   c) 4   d) 3   e) 2

DU QUIZ DU CHAPITRE XIII

1- Vrai ou faux ($1/2$ pt) :

      a) vrai   b) vrai   c) faux   d) vrai   e) faux

2- Complétez ($1/2$ pt) :

      a) résidence   b) inviolabilité c) immunité d) consulats   e) officiellement

3- Faites correspondre (1 pt) :

      a) 3   b) 2   c) 5   d) 1   e) 4

DU QUIZ DU CHAPITRE XIV

1- Vrai ou faux ($1/2$ pt) :

      a) faux   b) vrai   c) vrai   d) faux   e) faux

2- Complétez ($1/2$ pt) :

      a) discipline   b) liberté   c) complice   d) respect   e) représentation

3- Faites correspondre (1 pt) :

      a) 2   b) 4   c) 1   d) 5   e) 3

DU QUIZ DU CHAPITRE XV

1- Vrai ou faux ($1/2$ pt) :

      a) faux   b) vrai   c) vrai   d) vrai   e) faux

2- Complétez ($1/2$ pt) :

      a) législatives   b) domiciliation c) politique d) 2e génération e) sécurité publique

3- Faites correspondre (1 pt) :

      a) 2   b) 1   c) 5   d) 4   e) 3

DU QUIZ DU CHAPITRE XVI

1- Vrai ou faux ($1/2$ pt) :

    a) faux   b) vrai   c) faux   d) vrai   e) vrai

2- Complétez ($1/2$ pt) :

    a) fiscalité   b) économique c) financement d) local   e) ensemble

3- Faites correspondre (1 pt) :

    a) 3   b) 5   c) 4   d) 1   e) 2

DU QUIZ DU CHAPITRE XVII

1- Vrai ou faux ($1/2$ pt) :

    a) faux   b) faux   c) vrai   d) faux   e) faux

2- Complétez ($1/2$ pt) :

    a) technique   b) denier   c) concours   d) adultère   e) identité

3- Faites correspondre (1 pt) :

    a) 4   b) 3   c) 2   d) 1   e) 5

BIBLIOGRAPHIE

I- OUVRAGES

CHARBERT, Benoit & SUR, Pierre-Olivier.-
Droit pénal général
Dalloz, 3e édition, Paris, 2008

GUILLIEN, Raymond & VINCENT, Jean.-
Lexiques des termes juridiques
 17ᵉ édition, Dalloz, 2010

PETIT FRÈRE, Jean Héder.-
Comprendre l'autorité,
1ᵉ édition, éditions Kingdom production, 2018

TURK, Pauline.-
Principes Fondamentaux de Droit Constitutionnel
7ᵉ Edition, éditions extenso, 2014

REMOND, René.-
Histoire économique 19e et 20e siècle
 Tome 2, collection U, 3e édition

La sainte Bible   *version Louis Second*
                                    Version Semeur 2000

II- TEXTES LÉGISLATIFS
Constitution d'Haïti de 1987
Code civil
Code pénal
Code de lois usuelles de Me Ertha Pascal TROUILLOT, tome 2
Loi du 12 mars 2014 portant prévention et répression de la corruption

III- NOTES DE COURS
Notes de cours d'organisation judiciaire 2ᵉ année matin FDSE du professeur Frantz POTEAU
Notes de cours de droit pénal général de l'EDSEG
Notes de cours de droit constitutionnel de l'EDSEG
Notes de cours de Sécurité Sociale du feu professeur Carl Hérard, 4ᵉ année 1998-1999, FDSE

IV- MÉMOIRE

POTEAU, Frantz.-
Les problèmes de l'assistance sociale en Haïti, une contribution à sa dynamisation
EDSEG, 2002, P 85

V- PUBLICATIONS

Nouvelliste, publié le 26 août 2019
Haïti en Marche du 16 novembre 2005 vol. XIX # 42

VI- SITES INTERNET

www. loophaiti.com
www.universalis.fr/encyclopedie
www.wikipedia.org

TABLE DES MATIÈRES